W0204872

# NATÜRLICH *Deutschland*

50 nachhaltige Ideen für den
perfekten Kurzurlaub

REGINE HEUE

# NATÜRLICH
## *Deutschland*

50 nachhaltige Ideen für den perfekten Kurzurlaub

BRUCKMANN

# Inhalt



## Der Norden



4

11

## Der Osten

16

19



## Der Westen

## Der Süden

50

45

# Naturbewusst reisen

Nachhaltigkeit ist wohl eines der meistgenutzten Wörter in unserer Zeit, aber auch eines der wichtigsten. Nachhaltig leben ist eine Herausforderung, das weiß ich – und sicherlich auch alle, die beispielsweise schon mal versucht haben, plastikfrei einzukaufen. Deswegen dachte ich zuerst: »Oje, wie soll ich nur 50 nachhaltige Reiseziele finden?« Denn nachhaltig reisen ist erst mal sehr leicht gesagt, aber es ist ja schließlich nicht damit getan, mit Bus oder Bahn anzureisen. Nachhaltiges Reisen oder auch »Sanfter Tourismus« verfolgt im Wesentlichen drei Aspekte:
Die Natur möglichst nah, ursprünglich und intensiv zu erleben, so wenig als möglich auf die bereiste Natur einzuwirken und sich der Kultur des bereisten Landes und der Einheimischen anzupassen. Gerechte Arbeitsbedingungen im Tourismus und eine Stärkung der regionalen Wirtschaft sind nur einige Beispiele der positiven Auswirkungen. Im Grunde geht es darum, die eigenen Urlaubsziele nachhaltig umzusetzen und dabei keinen Schaden an Kultur und Umwelt des Reisezielorts zu hinterlassen.

Nun, nachdem ich das Buch fertiggestellt habe, kann ich sagen: Nachhaltig Urlaub machen funktioniert wirklich! Natürlich bedeutet es, weniger in die Ferne zu fliegen und möglichst nicht mit dem Auto – außer vielleicht

Der morgendliche Nebel im Altmühltal sorgt für eine fast mystische Stimmung.

mit einem Elektroauto – zum Urlaubsziel zu fahren. Und zugegeben: Ein Urlaub ohne Auto mag zunächst einmal nach mehr Stress und Planung klingen. Aber wenn Sie ein paar der Tipps in diesem Buch beachten und der neuen Reiseart eine Chance geben, lernen Sie sie vielleicht sogar lieben und bessern nebenbei noch Ihre Ökobilanz etwas auf. Unsere Umwelt und Ihre Kinder und Enkel werden es Ihnen danken.

Zudem leben wir in Deutschland in einem Land, das unendlich viele wunderbare Reiseziele bietet. Meine Auswahl der vorgestellten Ideen ist nach sehr persönlichen Vorlieben und guter Erreichbarkeit mit Bus und Bahn entstanden. Es ist natürlich nur ein kleiner Ausschnitt an nachhaltigen Vorschlägen, die es hier in Deutschland gibt.

In diesem Sinne hoffe ich, dass Sie sich inspirieren lassen und Ihre eigenen nachhaltigen Urlaubsreisen oder Ausflüge in Deutschland für sich entdecken.

*Herzlichst,*
*Regine Heue*

Barfuß durch den Schlamm des Watts, das kann so richtig Spaß machen!

# Der Norden

## Moin und herzlich willkommen

# 1 Faszinierendes Weltnaturerbe Wattenmeer

## Jede einzelne Sekunde ein Abenteuer

Wo bei Hochwasser die Nordsee auf- und abschwappt, findet man bei Niedrigwasser eine endlose Landschaft aus Sand, Schlick und kleinen Wasserstellen. Dann heißt es: mit matschigen Füßen und glänzenden Augen durchs Watt marschieren und dessen Bewohner persönlich treffen!

Das Wattenmeer erstreckt sich 500 Kilometer entlang der dänischen, deutschen und niederländischen Nordseeküste und bildet das größte zusammenhängende Sand- und Schlickwattsystem der Welt. Nirgendwo anders auf der Welt gibt es eine derart dynamische, unter dem Einfluss von Gezeiten und Wind geformte Landschaft mit einer solchen Vielzahl unterschiedlicher Lebensräume. Schleswig-Holstein, Hamburg und Niedersachsen schützen ihre Wattenmeeranteile als Nationalparks und Biosphärenreservate. Die Nationalparks im Watt bieten zudem viele Veranstaltungen und Führungen in der Natur an.

Egal, wo wir das Wattenmeer besuchen, wir erleben dort einzigartige Abenteuer! Denn im Wattenmeer gehen wir ohne Tauchausrüstung auf dem Meeresboden spazieren, da wir Schlick und Sandflächen bei Ebbe betreten und so eine Vielzahl von Tieren auf dem Meeresboden sehen. Bei Flut tummeln sich dann zahlreiche Fische, Seesterne, Quallen, und mit etwas Glück sehen wir auch mal einen Seehund. Dazu entdecken wir eine intakte Naturlandschaft: Das Wattenmeer ist so gut wie in seinem ursprünglichen Zustand erhalten und mit seinen riesigen Vogelschwärmen das Gebiet mit den meisten Vögeln in ganz Europa.

Die Lachmöwe wird im Schlick sicher fündig bei ihrer Nahrungssuche.

Der Meeresboden lebt – das ist bei Ebbe im Watt unschwer erkennbar.

Ein Muss ist hier natürlich eine Wattwanderung! Diese machen wir im schleswig-holsteinischen Wattenmeer, denn es ist die größte Region. Je nachdem, wie viel Zeit wir mitbringen, treffen wir hier während der Wattwanderung mit einem geschulten Nationalpark-Wattführer oder Ranger entweder auf die Small Five, die Big Five oder die Flying Five. Ja, richtig – man muss nicht extra nach Afrika jetten, um die Big Five zu beobachten.

## Die Small, Big und Flying Five

Zu den Small Five gehören der Wattwurm, die Herzmuschel, die Strandkrabbe, die Wattschnecke und die Nordseegarnele. Sie sind übrigens an Überflutung und Trockenfallen angepasst, ertragen Salzwasser und Regenschauer, überdauern Frost und sommerliche Hitze und widersetzen sich erfolgreich einer Armada hungriger Fressfeinde. Zu den Big Five zählen die drei Säugetiere Seehund, Kegelrobbe und Schweinswal sowie

Schafe weiden am Nordseedeich auf den Salzwiesen in Simonsberg bei Husum.

Steife Brise an der Nordsee – es ist ein Spaß, sich dagegen zu stemmen.

der Seeadler und der Stör. Die Flying Five sind fünf besondere Vogelarten, nämlich der Alpenstrandläufer, die Brandgans, der Austernfischer, die Silbermöwe und die Ringelgans (siehe Idee Nummer 4). Wem die Wattwanderung trotzdem nicht aufregend genug scheint, der geht am besten auf eine Wattsafari, erkundet als Wattdetektiv die Natur, macht eine Nachtwanderung im Watt, fährt mit der Kutsche über den Meeresboden oder erfreut sich an Lyrik, die in Form von Gedichten auf dem Meer vorgetragen wird. Schließlich waren einige berühmte Dichter und Künstler von der Nordseeküste fasziniert. Wer hingegen noch nicht genug von den Big Five gesehen hat, besucht die Seehundstati-

on Friedrichskoog. Hierher kommen alle einsamen oder verletzten Heuler – verlassene Robbenbabys – Schleswig-Holsteins, die dann mit der Flasche aufgezogen werden. Die kuscheligen Tierchen mit den schwarzen Knopfaugen verzücken nicht nur Kinder, sondern auch Erwachsene. Die Aufzuchtstation für Seehunde und Kegelrobben hat sich der artgerechten Haltung und dem Umweltschutz verschrieben und ist als gemeinnütziger Verein auf Spenden und Eintrittsgelder angewiesen. So tun wir mit unserem Besuch auch noch etwas Gutes!
Falls wir lieber das Wattenmeer in Niedersachsen, an der Küste und auf den Inseln Ostfrieslands, im Landkreis Wesermarsch oder in Hamburg-Neuwerk besuchen möchten, planen wir auf jeden Fall einen oder mehrere Tagesausflüge zu den sieben Ostfriesischen Inseln mit ein. Natürlich sind sie auch für Mehrtagesurlaube bestens geeignet. Sie sind wie Perlen auf einer Kette aufgereiht und formen einen natürlichen Küstenschutz. Auf ihre eigene Art und Weise sind sie außerdem ein ganz besonderes Reiseziel und haben eigene Identitäten und Traditionen. So liegt direkt an der holländischen Grenze, ganz im Westen, 30 Kilometer vor der Küste die Insel Borkum. Mit der Fähre von Emden aus erreichen wir die größte der Inseln nach zwei Stunden Fahrt. Aufgrund ihrer Hufeisenform bietet sie die vielfältigste Landschaft und Flora der Inseln. Ein Stück weiter östlich liegt die Insel Juist, auf der sich alles etwas langsamer anfühlt. Juist ist Entschleunigung pur (siehe Idee Nummer 11). Übrigens plant Juist, bis 2030 $CO_2$-neutral zu leben! Die Insel Norderney hingegen gibt sich sehr städtisch. Sie ist zudem die Partyinsel der Ostfriesländer und auch mit dem Zug

*So tun wir mit unserem Besuch auch noch etwas Gutes!*

Eine Gruppe Austernfischer mit ihrer charakteristischen Färbung am Strand

Die Hinterlassenschaften der Wattwürmer ergeben lustige Muster.

von Nordrhein-Westfalen gut zu erreichen. Ganz anders geht es auf der kleinen Nachbarinsel Baltrum zu. Hier kann man in aller Ruhe die größte deutsche Lachmöwenkolonie beobachten. Auf Langeoog dagegen tobt man sich beim Strandkegeln aus oder steigt auf die Aussichtsdüne Melkhörn. Kitesurfer fühlen sich auf der Insel Spiekeroog unter Gleichgesinnten wohl.

## Jeder Insel ihre Besonderheiten

Die letzte Insel der Reihe ist Wangerooge. Sie versetzt vor allem Eisenbahnfans durch ihre Inselbahn in Begeisterung. Durch ihre Nähe zu den großen Häfen der Nordsee können wir hier riesige Containerschiffe beobachten.
Auf fast allen Inseln – außer Borkum und Norderney – sind übrigens nur Elektrofahrzeuge erlaubt. Sie alle haben eins gemeinsam: Es gibt lange wunderschöne Sandstrände! Karibikfeeling in Deutschland – vielleicht nicht so warm, aber mindestens genauso schön.
Ebenfalls sehr besonders ist die Region Wesermarsch, denn sie ist von drei Seiten vom Wasser umschlossen. Mit dem Jadebusen im Westen, der Nordsee im Norden und der Wesermündung im Osten ist es außerdem eine der größten Graslandschaften und eines der wichtigsten Feuchtgebiete in Deutschland. Ansonsten findet man hier auch noch das einzige Moor der Welt, das außerhalb der Deiche liegt und bei Sturmfluten auf dem Meerwasser schwimmt! Oder wir entdecken das urige und geschichtsträchtige Eiland Neuwerk vor Cuxhaven. Die Insel diente übrigens sogar Piraten als Versteck. Von Cuxhaven aus können wir Neuwerk – je nach Tide – auch von Sahlenburg mit dem Wattwagen oder zu Fuß erreichen.
Mit den Sandbänken, Wattflächen sowie Salzwiesen, den grasbewachsenen Dünen, Wanderdünen, Vögeln, Robbenkolonien, Leuchttürmen und zerklüfteten Klippen gibt es im und am Nationalpark, Biosphärenreservat und Weltkulturerbe Wattenmeer zu jeder Jahreszeit etwas zu erleben, zu erkunden und zu entdecken. Wir haben die Qual der Wahl, wie und wo wir die vielen Abenteuer erleben möchten, die hier möglich sind.

## TIPPS & INFOS

**GEEIGNET** als Tagestour, Wochenendtrip oder Mehrtagesurlaub.
**WATTWANDERUNG** April bis Oktober, witterungsabhängig. Nur mit geschultem Personal. Preise ab 7 EUR, je nach Startort.
**WATTENMEER** www.waddensea-worldheritage.org/de
**MULTIMAR** Interaktive Erlebnisausstellung multimar-wattforum.de
**ÜBERNACHTEN** Über 250 zertifizierte Nationalpark-Partner bieten umweltgerechte Unterkünfte, naturverträgliche Schifffahrten und außergewöhnliche Nationalpark-Watt- und Gästeführungen an. nationalpark-partner-sh.de
**ANREISE** Mit der Bahn mit Fahrtziel Natur. www.fahrtziel-natur.de
**FÄHREN** Leider gibt es zwischen den Ostfriesischen Inseln keine Elektro- oder Solarfähren. www.ostfriesland.travel
**DIE UNESCO** hat das Wattenmeer 2009 als Welterbe anerkannt.

# 2 Whalewatching in der Flensburger Förde

## Zum Schutz der Wale

In der Kinderstube der Schweinswale auf der Flensburger Förde lernen wir die kleinen Tümmler, wie sie auch genannt werden, näher kennen. Danach heißt es Schuhe aus und Natur pur erleben!

Ist Whalewatching auch außerhalb Neuseelands oder Norwegens möglich? Ja, natürlich – hier in Deutschland! Tatsächlich ist die Ostsee ein wichtiger Lebensraum der Schweinswale. Vor allem in der Flensburger Förde werden die Meeressäuger oft gesichtet. Die Schweinswale sind dabei nicht nur zufällige Gäste in der Förde, sondern hier zu Hause. Es sind die einzigen heimischen Wale der Ostsee und leider den meisten Menschen kaum bekannt. Dies wollte der NABU Schleswig-Holstein ändern: Seit 2015 kann man in den Sommermonaten mit dem NABU und dem Flensburger-Fähr-Betrieb an Fahrten durch die Flensburger Förde teilnehmen und dabei viele interessante Informationen über die »kleinen Tümmler«, wie sie auch genannt werden, erhalten. Der NABU möchte so auf die Bedrohung der Schweinswale aufmerksam machen und Urlauber, aber auch Anwohner, für den Schutz der Tiere in der Ostsee sensibilisieren. Denn aktuell leben nur noch etwa 500 Schweinswale in der Ostsee und gehören zu den in Europa am stärksten gefährdeten Kleinwalpopulationen. Wir haben Glück, denn wir erspähen auf der etwa zweistündigen Fahrt die Rückenfinnen der kleinen Meeressäuger! Drei, vier Mal tauchen sie dann kurz hintereinander aus dem Wasser auf. Von den Wellen sind die kleinen dunklen Erhebungen auf den ersten

Die Schweinswale sind kleine Zahnwale und mit den Delfinen verwandt.

Sommer im Oluf-Samson-Gang mit den Fischerhäuschen in Flensburg.

Blick oftmals kaum zu unterscheiden. Das liegt auch daran, dass die kleinen Schweinswale normalerweise nicht komplett aus dem Wasser springen. Lediglich der Rücken taucht zum Atmen aus dem Wasser auf, bevor er in einer rollenden Abwärtsbewegung wieder abtaucht. Von Ende Juni bis Anfang September ist der NABU auf der Förde unterwegs. In den Monaten Mai und Juni kommen viele Schweinswalkälber zur Welt, und das flache Wasser in Flensburg ist dafür bestens geeignet.

## Freiheit für die Füße

Wer nach der aufregenden Whalewatching-Fahrt noch Zeit hat, besucht den BARFUSSpark in Schwackendorf. Hier heißt es Schuhe aus und begreifen, wie sich Natur anfühlt! Auf dem zweieinhalb Hektar großen Gelände entdecken wir die vielen Spiel-, Fühl- und Balancierstationen. Gleichzeitig wird viel Wissenswertes rund um die Natur vermittelt und alle Sinne sowie die Geschicklichkeit herausgefordert. Denn auf über eineinhalb Kilometern Weglänge fühlen, erforschen und entdecken wir feste, feine und feuchte Untergründe, planschen ausgelassen durch Moor oder nassen Torf oder tasten uns behutsam über Glasscherben. Angst vor schmutzigen Füßen und Beinen sollten wir allerdings nicht haben, denn hier fühlt man den Spaß bis in die Zehenspitzen. Entlang der BARFUSSpark-Strecke locken außerdem idyllische Plätzchen zum

Auf der Flensburger Innenförde liegen viele Segelschiffe, darüber wacht die Kirche St. Jürgen.

Man muss oft ganz genau hinsehen, um die kaum aus dem Wasser ragenden Umrisse eines Wals zu erkennen.

Verweilen. Wir können ein kleines Nickerchen unter einem der Obstbäume machen, auf der Lichtung picknicken, auf der Spielwiese fangen spielen oder den Spielhügel hochklettern.
Wem das nicht genug Erlebnis ist, versucht sich beim Minigolf mit 18 Bahnen. Aber wir müssen unbedingt genau hinsehen, denn vielleicht entdecken wir bei dem einen oder anderen Schlag Günther, den Maulwurf, oder die winzige Feldmaus Jasmin, die tierischen Bewohner der Anlage. Natürlich ist auch für den kleinen Hunger gesorgt. Ein Kiosk beim Minigolf und die Terrasse am BARFUSSpark bieten Leckereien und Erfrischungen.

## TIPPS & INFOS

**GEEIGNET** als Halbtages- oder Tagestour
**WHALEWATCHING** Ende Juni bis Anfang September, Preise auf Anfrage. Wenn Sie Ihre E-Mail-Adresse an schweinswalschutz@nabu-sh.de senden, kommen Sie auf eine Liste und werden über neue Touren benachrichtigt. schleswig-holstein.nabu.de
**FLENSBURGER FÖRDE**
www.flensburger-foerde.de

**ANREISE** Über die Mobilzentrale, per Deutsche Bahn oder aus dem Umland per Bus oder Fahrrad. www.mobizentrale.de, www.bahn.de
**FLENSBURG** ist einen Besuch wert. Es liegt inmitten einer herrlichen Landschaft von grünen Buchenwäldern, weißen Stränden, viel Wasser und ist eine schöne alte Hafen- und Fördestadt. www.ostsee.de/flensburg

# 3 Auf der Helgoländer Düne

## Mit Seehunden, Vögeln und roten Diamanten

Minimalistisch im Tiny House leben, umgeben von Meeresrauschen, weiten Sandstränden, roten Diamanten und Ruhe pur! Aber unbedingt auf außergewöhnliche Nachbarn gefasst sein: Robben und Seehunde! Nicht selten kommt es vor, dass man den Strand mit ihnen teilt.

Nichts als Ruhe und Entschleunigung verspricht ein Urlaub auf der Helgoländer Düne. Sie ist ein kleines Naturreservoir direkt vor Helgoland und vom Tagestourismus einigermaßen verschont. Auf etwa 1000 Metern Länge und 700 Metern Breite gibt es an zwei wunderschönen Stränden rund 130 000 Quadratmeter feinsten Sand. Ideal für Sonnenanbeter, Wasserratten und Diamantensammler, die den Kontakt zur Natur suchen.

Ein nachhaltiges Erlebnis verspricht die Übernachtung in Tiny Houses, die hier Wikkelhouses genannt werden. Dabei kommt das Wort *wikkel* aus dem Niederländischen und bedeutet Wickel. Und das kommt nicht von ungefähr: Das Haus besteht im Kern aus 24 Schichten miteinander verwickelter Pappe, die eine absolute Formbeständigkeit garantieren und eine hohe Isolationswirkung haben. Auf Toiletten und Wasser wurde im Wikkelhouse allerdings bewusst verzichtet, um die Natur nicht mit zusätzlicher Infrastruktur zu belasten. In unmittelbarer Nähe stehen aber die Sanitäranlagen des Campingplatzes zum Duschen und Zähneputzen zur Verfügung.
Viele Robben und Seehunde, die sich tagsüber am Strand sonnen und hier tummeln, sind neugierig. Sie kennen keine Scheu und liegen oft nah am Wikkelhouse. Auch wenn

Wenn die Kegelrobben älter werden, verändern sie ihre Fellfarbe von weiß zu braun.

Der Leuchtturm Helgoland Düne wurde 1936 erbaut und ist heute noch in Betrieb.

die Tiere mit ihren schwarzen Kulleraugen ungefährlich erscheinen und so nett aussehen, dürfen wir nicht vergessen, dass es sich um Raubtiere handelt, die auch kräftig zubeißen können.

## Der Strand als tierische Kinderstube

Deswegen auf jeden Fall den geforderten Abstand von mindestens 30 Metern einhalten und falls sich ein Tier auf uns zubewegt, unbedingt zurückweichen. Im Winter wird es dann auch noch weiß und flauschig am Strand, denn die Tiere bringen im November und Dezember auf der Düne ihre Jungen zur Welt! Dann liegen überall kleine Robben herum, während ihre Mütter auf Nahrungssuche gehen.

Aber noch eine weltweit einmalige geologische Besonderheit gibt es hier: Nur im Bereich der Düne existieren rote Feuersteine, die auch rote Diamanten genannt werden. Die einzigartigen Steine finden wir am Oststrand der Düne. Dort besteht der Steinstrand zu mehr als 80 Prozent aus Feuersteinen und die begehrten großen rot gefärbten Feuersteine finden wir – wenn auch nur mit großer Schwierigkeit – nur dort. Wer will, kann ja mal einen Versuch starten: Statt Gold schürfen im Klondike suchen wir Feuersteine auf der Düne. Wer lieber einen Strandspaziergang macht, sollte unbedingt am Leuchtturm Helgoland Düne vor-

Hübsche farbenfrohe Holzhäuschen auf der Helgoländer Düne.

Wilde Gräser wie Strandhafer halten die Dünen zum Schutz vor der Brandung zusammen.

beischauen. Ansonsten finden wir hier jede Menge Strandkörbe, einen großen Abenteuerspielplatz, zwei Restaurants, einen kleinen Kiosk, einen Minigolfplatz, zwei Schlafstrandkörbe und eine Strandsauna.
Ein naturkundlicher Rundweg führt außerdem zu den interessantesten und schönsten Plätzen der Düne. Da Helgoland nur einen Steinwurf entfernt ist, besuchen wir den Lummenfelsen und die »Lange Anna«, den schmalen, von der Steilküste abgetrennten Felsen im Nordwesten. Sehenswert sind auch das Gipfelkreuz auf dem Pinneberg, die alten Bunkeranlagen und der wildromantische Leuchtturm. Zudem gibt es einen tollen Rundweg mit herrlichen Aussichten auf die rotbraune Steilküste. Vogelliebhaber finden hier mit 432 Arten vermutlich den artenreichsten Ort in Europa vor. Wer etwas mehr Aktivität braucht, besucht am Hafen die buntbemalten Fischerhütten, die Hummerbuden, nimmt am kulturellen Leben teil oder fiebert bei der einen oder anderen Segelregatta mit.

## TIPPS & INFOS

**GEEIGNET** als Tagestour, Wochenendtrip oder Mehrtagesurlaub.
**WIKKELHOUSE** Buchung nur online möglich für mindestens sieben Tage. www.helgoland.de/uebernachtungsmoeglichkeiten/wikkelhouses
**ANREISE HELGOLAND** Mit der Bahn und den Helgoländer Börtebooten. Einzigartig und sicherstes Verkehrsmittel in Deutschland. Die Koffer vorher per DHL verschicken. www.helgoland.de
**ANREISE** Tagsüber mit Dünenfähre im Halbstundentakt in sieben Minuten von der Hauptinsel. www.helgoland.de

# 4 Die Hallig, eine eigene Biosphäre

## Beliebter Zwischenstopp für Zugvögel

Die alljährlich stattfindenden Ringelganstage sind nicht nur ein Eldorado für Vogelkundler, sondern auch für alle, die gern mehr über die kleine Meergans, das Leben auf der Hallig Hooge und deren Bewohner erfahren möchten.

Die Halligen sind kleine, nicht oder nur wenig geschützte Marschinseln vor den Küsten, die bei Sturmfluten überschwemmt werden können. Eine davon ist die Hallig Hooge im Nationalpark Schleswig-Holsteinisches Wattenmeer. Jedes Jahr im Frühjahr und im Herbst wird sie von Millionen Zugvögeln aufgesucht. Dazu gehören auch die Ringelgänse, die hier wirklich zahlreich anzutreffen sind. Deswegen feiert die Hallig Hooge jedes Jahr im April und Mai die Ringelganstage mit Wattwanderungen, Exkursionen, Vorträgen und Kinderveranstaltungen. Bei einer solchen Führung vom Fähranleger über die Hallig erfahren wir viel über die Ringelgans und die Hallig. Oder wir erkunden die Hallig auf eigene Faust und beobachten dabei die Ringelgänse. Sie gehört übrigens auch zu den Flying Five im Weltnaturerbe Wattenmeer (siehe Idee Nummer 1). Bis zu 50 000 (!) Gänse rasten im Frühjahr auf den nordfriesischen Halligen und den umliegenden Wattflächen. Die Ringelgans lässt sich problemlos fast überall beim Fressen beobachten, oft auch aus geringer Entfernung. Trotzdem sollten wir eine gewisse Distanz halten, damit die Tiere nicht nervös werden. Falls sie dennoch davonfliegen, folgen wir am besten zu Fuß oder mit einem Fahrrad.

Wer genug Ringelgänse gesehen hat, kann die Hallig Hooge zu Fuß, per Fahrrad, mit

Aus der Luft sind die Wasserläufe der Hallig Hooge gut erkennbar.

Sonnenuntergang auf Hooge, der zweitgrößten Hallig Deutschlands

Inlinern oder auch joggend umrunden. Zu Fuß dauert es etwa drei Stunden. Zudem lohnt sich ein Besuch des Königspesels, einem kulturgeschichtlichen Museum mit vielen Kunstschätzen.

## Etwas Kultur und Kunstgeschichte

Der »Pesel« ist dort der eindrucksvollste Raum. Er ist mit holländischen Fliesen, auf denen biblische Motive abgebildet sind, und einer bemerkenswerten Decken- und Türenmalerei ausgestattet. In der Halligkirche aus dem 17. Jahrhundert finden wir ein Kunstwerk des Flensburger Meisters Ringeling und auch ein Gestühl in den typisch friesischen Farben Gold, Gelb, Rot und Blau. Das auf der Hanswarft gelegene Heimatmuseum wurde übrigens auf dem Boden eines ehemaligen Viehstalls errichtet, in dem man verschiedene Gegenstände von der Hallig und aufschlussreiche Dinge über das Leben auf Hooge zusammengetragen hat.
Nach der Kultur ist ein Bad in der Nordsee fast schon ein Muss. Dazu werfen wir aber vorher einen Blick in den Buddelbreef, den Veranstaltungskalender der Hallig Hooge. Dort finden wir die Zeiten von Hoch- und Niedrigwasser, denn bei Hochwasser schwimmt es sich einfach besser. Die Hallig lädt aber auch zu wunderschönen und autofreien Spaziergängen ein. Die frische Seeluft, die Vögel und das Nordseewetter machen dies zu einem unvergesslichen Erlebnis.

Die Ringelgans steht im Mittelpunkt der Ringelganstage auf der Hallig Hooge.

So stellen wir uns die Wohnhäuser der Hallig vor: Ziegelbauweise, Reetdächer und hübsche Gärten.

Übrigens werden Halligen – im Gegensatz zu Inseln – mehrmals jährlich, meistens im Herbst und Winter, von der Nordsee überflutet. Bei dem Gedanken kann es einem schon etwas mulmig werden. Hier heißt es dann einfach nur »landunter«. Während dieser Zeit ragen nur die Warften aus dem Wasser. Auf diesen künstlichen Erdhügeln bauten die Halligbewohner ihre Häuser, um vor den Sturmfluten sicher zu sein. Hallig Hooge besitzt einen Sommerdeich. Allerdings wird dieser bei einem Wasserstand von ca. eineinhalb Metern über dem mittleren Tidenhochwasser ebenfalls überflutet.

## TIPPS & INFOS

**GEEIGNET** als Tagestour und Wochenendtrip.
**RINGELGANSTAGE** ringelganstage.de
**HALLIG HOOGE** Hallig Hooges Internetangebot stammt von einem Rechenzentrum, das seinen Strom zu 100 % aus Wasserkraft bezieht. hooge.de
**BUDDELBREEF** hooge.de/aktuelles/aktuelles/buddelbreef
**ÜBERNACHTEN** www.ferienwarft.de

**ANREISE** Von Hamburg-Altona mit dem Regionalexpress RE 6 der NAH.SH nach Bredtstedt. Bahnhofsvorplatz Bredtstedt mit dem Bus zum Fährhafen Schlüttsiel. Fähre und Bus sind aufeinander abgestimmt. Von Strucklahnungshörn/Nordstrand, Hörnum auf Sylt oder von Wittdün auf Amrum fahren Dienstag bis Sonntag im März bis November die Adler-Schiffe am gleichen Tag hin und wieder zurück. hooge.de/halligurlaub/urlaub-planen/anreise

# 5 Sonne, Spaß und Action in Kiel

## Südliches Flair am Binnenmeer

In der Segelstadt an der Ostsee erleben wir einen abenteuerlichen und abwechslungsreichen Städtetrip mit Italienfeeling, Kultur, Robben und viel me(e)hr.

Aus dem Zug aussteigen, den Wind spüren, die Möwen kreischen hören und die Förde riechen: So fühlt sich Urlaub an – egal, ob für zwei oder mehr Tage. Zwar ist das Viertel um den Hauptbahnhof in Kiel – wie in den meisten anderen Großstädten auch – nicht unbedingt der schönste Teil der Stadt, aber es liegt am Meer. Und Kiel ist zu jeder Jahreszeit einen Besuch wert! Vielleicht ist die Gewinnerin des Deutschen Nachhaltigkeitspreises 2021 im Sommer sogar noch ein bisschen schöner.
Am besten starten wir sofort den ersten Stadtbummel und besuchen das Rathaus von Kiel westlich der Altstadt. Dort befindet sich auch der Campanile von Kiel. Auf dem 106 Meter hohen Rathausturm haben wir einen einmaligen Blick über das Kieler Häusermeer. Und das Gefühl ist mindestens genauso umwerfend wie in Venedig, Pisa oder Florenz. Direkt neben dem Rathaus liegt der Hiroshimagarten. Im idyllischen Park finden wir einen durch eine Brücke geteilten See, an dem wir an sonnigen Tagen herrlich picknicken können. An den Hiroshimagarten grenzt die Altstadt, durch die sich die berühmte Shoppingmeile Holstenstraße zieht. Wir ziehen vorbei an den Geschäften in Richtung Kieler Schloss mit seinem hübschen Schlossgarten und erreichen dann das Wasser! Sehr empfehlenswert ist ein Spaziergang an der Kiellinie. Sie führt direkt am Meer entlang und man hat einen tollen Blick auf Fähren und Segelschiffe, die über die Kieler Förde in die Häfen einfahren. Am bes-

Auszeit im Hafengebiet am Sandhafen, am besten mit kühlem Getränk

Segeln und Kiel sind seit Langem eng miteinander verbunden!

ten schauen wir gleich noch zur Fütterungszeit beim Seehundbecken und beim Kieler Aquarium vorbei. Wer braucht da schon eine kleine Meerjungfrau, wenn er stattdessen eine echte, dicke Robbe sehen kann?

## Stadtstrände und Sehenswürdigkeiten

Wir besuchen dann gleich noch die Holtenauer Schleuseninsel. Hier werden die riesigen Containerschiffe in den rund 100 Kilometer langen Kanal eingeschifft. Ein wirkliches Erlebnis. Nebenbei genießen wir noch das Panorama auf den Holtenauer Leuchtturm. Kiel hat außerdem fünf Tiergehege, in denen Heidschnucken, Wild, Bisons, Wisente und Ziegen wohnen. Es sind Orte der Naherholung, die frei zugänglich sind und keinen Eintritt kosten.
Strände finden wir in der maritimen Stadt natürlich auch zur Genüge. Sowohl innerhalb als auch außerhalb der Stadt liegen viele schöne Strandabschnitte, an denen man sich bestens erholen, aber auch im Wasser oder am Strand austoben kann. Die beliebtesten sind Falckenstein, Schilksee und Laboe. Sie sind zwar nicht direkt in Kiel, aber trotzdem an der Kieler Förde gelegen. Bei einem Besuch schlagen wir dann zwei Fliegen mit einer Klappe, denn wir nutzen gleich noch die Förde-Schifffahrt! Im Zickzackkurs geht es mit diesen öffentlichen Verkehrsmitteln über die Kieler Förde und die drei Strände sind schnell für kleines Geld zu erreichen.
Noch ein Geheimtipp: der Sandhafen an der Blücherbrücke. Die auf Pontons schwimmende Chillout-Lounge wurde auf der Förde

Das Rathaus von Kiel wurde Anfang des 20. Jahrhunderts erbaut.

Wasser ist in Kiel immer in der Nähe, hier das Binnengewässer Kleiner Kiel.

installiert! Was brauchen wir da mehr zum Glücklichsein? Einfach die Füße im warmen, weißen Strandsand vergraben, eine hausgemachte Gurken-Limetten-Limonade trinken, beim Anblick der Fähren von der großen weiten Welt träumen und sich wie an der Adria fühlen – vor allem, wenn die Ostsee wieder türkisblau schimmert. Natürlich können wir hier noch so viel me(e)hr erleben. Einfach mal ausprobieren.

## TIPPS & INFOS

**GEEIGNET** als Wochenendtrip oder Mehrtagesurlaub.

**TOURIST-INFO** www.kiel-sailing-city.de

**ANREISE** Kieler Hauptbahnhof in der Innenstadt, wenige Meter von den Fähren und den Bushaltestellen entfernt. Der Port of Kiel möchte in puncto Klimaschutz der ökologischste Hafen Europas werden. So ist heute schon eine Landstromanlage im Einsatz, die ein Äquivalent von 2700 Tonnen $CO_2$ pro Jahr einspart. Zudem werden elektronische Gabelstapler und Zugmaschinen, Fotovoltaik, und energieeffiziente Beleuchtungstechniken verwendet. Alle Terminalanlagen und Gebäude beziehen zertifizierten Ökostrom. www.bahn.de, www.portofkiel.com/home.html

**ÜBERNACHTUNG** Öko-Ferienwohnung Sturmmöwe. sturmmoewe-kiel.hotel-mix.de

**KIELER WOCHE** www.kieler-woche.de

**FÖRDESCHIFFFAHRT** Pläne der Förde-Schifffahrt unter www.sfk-kiel.de/de/faehrlinien/foerde

**AM BESTEN** besorgt man sich ein Fahrrad. In Kiel gibt es die SprottenFlotte, das Bike-Sharing-System für die KielRegion. www.sprottenflotte.de

# 6 Die Arche Warder: ein sicherer Hafen

## Auf Du und Du mit den Tieren

In der Arche Warder lernen wir seltene und alte Haustierrassen kennen, die artgerecht gehalten und präsentiert werden. Zudem erfährt man viel über die alten Rassen und ihre stark schwindende Vielfalt.

Eingebettet in eine tolle Landschaft liegt im Herzen von Schleswig-Holstein – zwischen Nord- und Ostsee – die Arche Warder. Der Haus- und Nutztierpark ist europaweit ein einzigartiges Zentrum für 86 seltene und vom Aussterben bedrohte Haus- und Nutztierrassen – und viel mehr als nur ein Tierpark: Es ist ein nachhaltiger Lebensraum für Tiere, Pflanzen und Menschen mit Erhaltungszucht, Bildungsauftrag und Wissenschaft – und eine artgerechte Alternative zu einem klassischen Zoo.
Die alten Nutztierrassen gehören zu bestimmten Landschaften, wie zum Beispiel die Heidschnucke zur Heide, die Pommernente in die Landstriche Pommerns oder das Angler Rind in die Region Angeln.
Die Arche Warder kämpft für die Erhaltung solcher gefährdeten Rassen. Und es ist hier schön zu beobachten, wie gut es den Tieren geht, sobald sie Platz und einen halbwegs natürlichen Lebensraum haben.

### Ausgiebige Erkundungstour

Wir können den Park entweder auf eigene Faust als Spaziergang, bei verschiedenen Touren oder bei einer Führung entdecken – und dabei entspannte Tiere in einer wunderschönen Landschaft erleben. Dazu finden sich viele Möglichkeiten, etwas über alte Rassen und ihre stark schwindende Vielfalt zu lernen. Wir nehmen die Walkingtour,

Schweine lieben es, zu schwimmen, und fühlen sich im Wasser sehr wohl.

Über Nachwuchs, wie hier bei den Poitou-Eseln, freut man sich in der Arche ganz besonders.

die ca. drei Stunden dauert – je nachdem, wie intensiv wir die Arche in all ihren Facetten erkunden.

## Alltag in der Steinzeit

Wir beginnen dabei bei den Geflügelrassen. Hier sehen wir ein artgerechtes Gänse- und Entengehege und folgen dann dem Weg zum Hühnerhof, der im schwedischen Stil gebaut wurde. Der dann folgende Naturpfad führt uns auf den Schafweg und über die Koppeln bis hin zur Aussichtsplattform. Dann geht es weiter über den Holzsteg zum Schweineland, in dem wir mehr über Schweinerassen im Allgemeinen und das Wildschwein im Besonderen lernen. In der Steinzeitsiedlung staunen wir nicht schlecht darüber, wie die ersten norddeutschen Bauern vor 5000 Jahren gelebt haben könnten.
Dann folgen wir dem Weg entlang zu einer weiteren Wassergeflügelanlage und biegen rechts ab, vorbei an Rinder- und Pferdekoppeln, bis hin zu der begehbaren Weide. Danach gehen wir links Richtung Trockenrasen. Hier lernen wir die flauschigen Poitou-Esel kennen. Schließlich erreichen wir das Haus der Natur. Wer will, kann hier bei der Imbissbude und Kletterarche etwas gegen den ersten Hunger und einen erneuten Bewegungsdrang unternehmen. An der Festwiese entlang erreichen wir danach das Turopolje-Schweingehege. Bei passendem Wetter schauen wir den Turopoljes beim Schwimmen und Tauchen zu. Am Ende folgen wir einfach dem Weg bis zum Restaurant Farmküche und dem angrenzenden Spielplatz.

Die Lockengans stammt aus den Ländern um das Schwarze Meer.

Verschiedene Schweinearten, viele davon stark gefährdet, leben in der Arche Warder.

Im Streichelzoo und im Stall sind wir auf Du und Du mit vielen Tieren und das weitläufige Gelände gibt uns Gelegenheit zum Entschleunigen.
Um die Arche Warder in ihrer jetzigen Form zu erhalten, sucht der Tierpark finanzielle Unterstützung in Form von Tierpatenschaften. Wer bei seinem Besuch ein Lieblingstier entdeckt, kann mit einem Beitrag helfen, die Rasse in ihrem Bestand zu sichern. Wer noch Zeit hat, besucht die Wassermühle im Ortsteil Alt-Mühlendorf, die Schoolkat, das älteste Gebäude in Langwedel, oder kühlt sich im Warder- oder Brahmsee ab.

## TIPPS & INFOS

**GEEIGNET** als Halb- oder Tagesausflug, auch mit Übernachtung.
**ARCHE WARDER** Öffnungszeiten tgl. 10 – 20 Uhr. Herbst und Winter nur bis zum Einbruch der Dunkelheit. Preise Erwachsene 10 EUR, Kinder 4-17 Jahre 7 EUR. www.arche-warder.de
**ÜBERNACHTUNG** Auf der Arche Warder. www.arche-warder.de
**NACHHALTIGE PRODUKTE** Im Hofladen hochwertige und gesunde Produkte aus der Arche Warder und der Region zwischen Nord- und Ostsee.
**ANREISE** Mit der Bahn bis Bahnhof Nortorf bei Neumünster. Busverbindungen von Nortorf und Kiel. Haltestelle Langwedel Denkmal aussteigen, Fußweg ca. 1,2 Kilometer. Vom Kiel ZOB/Hbf mit dem Bus 4610 Richtung Itzehoe. Von Nortorf Busse 4610 Richtung Kiel und 4615 Richtung Brahmsee. fahrplan-bus-bahn.de

# 7 Föhr, die grüne Nordseeinsel

## Friesisch-herbe Schönheit

Kilometerlange weiße Sandstrände, wunderschöne grüne Natur, mildes Seeklima und ein Ritt hinaus ins Watt – ein atemberaubendes Erlebnis!

Friesische Karibik nennen die Einheimischen ihre 82 Quadratmeter große Insel Föhr – und aus der Luft betrachtet sieht sie tatsächlich aus wie eine Karibikinsel. Während sich die Urgewalten des Meeres und der Winde an den vorgelagerten Inseln Amrum und Sylt abreagieren, liegt Föhr geschützt dahinter. Im Gegensatz zu allen anderen Inseln ist Föhr rund und grün, umrandet von 15 Kilometern weißem Sandstrand und 22 Kilometern Deichen. So erhebt sie sich aus der See, ist umgeben von einigen Halligen und dem Wattenmeer. Nur die kurze Steilküste am Goting-Kliff zeugt von der Gewalt der Nordsee. Und Föhr hat wirklich einiges zu bieten: Das milde Klima, eine einzigartige Tier- und Pflanzenvielfalt und ein pulsierendes Kulturleben locken natürlich viele Touristen an. Denn ob Familienferien, Wochenendtrip oder Aktivurlaub, hier finden sowohl Strandurlauber, Natur- oder Kulturfreunde oder Eltern mit Kindern immer ein ruhiges Plätzchen und ein breit gefächertes Freizeitangebot.

### Hoch zu Ross

Ein ganz besonderes Abenteuer ist es für uns, die Insel auf dem Rücken eines Pferdes zu erleben. Föhr scheint dazu prädestiniert, denn es leben dort gut 850 Pferde. Aus die-

Stattliches, im traditionellen Baustil der Region errichtetes Gutshaus auf Föhr.

Der Leuchtturm steht auf einem Geestrücken von eher geringer Höhe über dem Südstrand von Wyk

sem Grund gibt es auch ausgeschilderte Reitwege. So zum Beispiel entlang der Grenzen Föhrs, aber auch im Inneren der Insel sind zahlreiche Weiden und Wiesen zu finden, auf denen wir reiten dürfen. Auch Waldritte sind möglich.

## Unterwegs mit einem PS

Als absolut einzigartiges Erlebnis gilt natürlich das Reiten am Meer: wenn wir über Sandstrände galoppieren und außer dem Geräusch der Hufe nur noch das Rauschen des Meeres hören. Wenn der Wind an der Mähne des Pferdes zaust und wir das hochspritzende Salzwasser im Gesicht spüren – dann fühlen wir nichts mehr als grenzenlose Freiheit. Ein unvergessliches Abenteuer. Eine ganz besondere Herausforderung für Pferd und Reiter ist auch das Reiten im Watt. Denn wenn sich das Meerwasser zurückzieht, wird der Meeresboden sichtbar. Und dann können Pferd und Reiter entlang der Priele und Sandbanken Schritt für Schritt das Watt für sich entdecken!
Wer das Glück der Erde auf Föhr entdecken möchte, ist auf den Reiterhöfen der Insel gut aufgehoben. Für die Ausritte sollten wir allerdings sattelfest sein und bereits Geländeerfahrung haben. Anfänger ohne Reiterfahrung nehmen am besten Reitunter-

Bunte Strandkörbe am Goting-Strand an der Südküste von Föhr.

Gemeinsam mit anderen Pferdefreunden geht es durch das Watt auf Föhr.

richt. Die Reiterhöfe auf der Insel sind auf Anfänger und Fortgeschrittene eingestellt. Sie bieten Unterricht in der Gruppe oder alleine, Longen- oder Voltigierstunden, Ausritte in den Wald, am Meer und im Watt an. Auf einigen Reiterhöfen können wir auch gleich übernachten.

Falls wir nicht selbst reiten möchten, können wir einige Reit- und Pferdeveranstaltungen auf Föhr besuchen. Die bekanntesten sind das Ringreiten – eine friesische Tradition, bei der Reiter ihr Können mit Lanzen unter Beweis stellen müssen – und die Fohlenschauen in der Sommerzeit. Grundsätzlich ist Föhr als Pferdeinsel gut für die Gesundheit, denn die salzhaltige Meeresluft und das für seine Heilwirkung bekannte Jod eignen sich hervorragend für die Genesung nach Atemwegs- und Hauterkrankungen.

## TIPPS & INFOS

**GEEIGNET** als Wochenendtrip oder Mehrtagesurlaub auf Föhr.
**REITERHÖFE** www.foehr.de/reiten
**ÜBERNACHTEN** Wer nicht auf dem Reiterhof übernachten möchte, findet Alternativen unter www.foehr.de
**FAHRRAD** Das meistgenutzte Fortbewegungsmittel. Fahrradverleih vor Ort bei über 19 Verleihstationen möglich. www.foehr.de/radfahren
**ANREISE** Mit der Bahn bis Fähranleger in Dagebüll. Dann mit einer W.D.R.-Fähre 50-minütige Minikreuzfahrt nach Wyk auf Föhr. www.foehr.de/bahn

# 8 Mit dem SUP in Hamburg unterwegs

## Auf den Wasserstraßen der Hansestadt

In Europas brückenreichster Stadt befahren wir auf einem SUP-Board die Wasserstraßen und entdecken auf nachhaltige Art Hamburg zu Wasser.

Nur ein Board trennt die Füße von der Wasseroberfläche: Stand Up Paddling, kurz SUP, heißt der Funsport, der auch Hamburg erobert hat. Er trainiert das Balancegefühl und viele Muskeln, man powert sich ordentlich aus, kann auf dem Wasser den Alltagsstress hinter sich lassen,und man ist unabhängig vom Wind. Mit etwas Übung haben wir den Kniff auch gleich raus.
Interessant ist es für Stand-Up-Paddler nahezu überall in und um Hamburg. Schließlich hat Hamburg mehr Brücken als Amsterdam oder Venedig. Und wo viele Brücken sind, ist meist auch viel Wasser, das wir überqueren müssen. Dabei sprechen wir nicht nur über die Flüsse Alster, Elbe und Bille. Nein, auch etliche Kanäle durchziehen die Stadt. Allein rund um die Alster gibt es 22 Kanäle. Dort sind heute neben Kanus und Ausflugsschiffen – die beliebten Alsterdampfer – vor allem Stand-Up-Paddler unterwegs. Denn am besten lassen sich Hamburgs Kanäle auf eigene Faust mit dem SUP-Board entdecken! Zunächst sollten wir uns über die SUP-Regeln in Hamburg informieren und diese unbedingt beachten. Wer eine idyllische SUP-Tour mit vielen abwechslungsreichen Uferszenarien, einem kleinen Teich und ein wenig Amsterdam-Feeling sucht, sollte unbedingt den Eilbekkanal befahren. Los geht es an der Außenalster Mundsburger Damm. Ein optimaler SUP-Einstiegspunkt ist die Alsterwiese Schwanenwik. An schönen Tagen tummeln sich hier zwar hunderte Sonnenhungrige auf der

Herrschaftliche Villen säumen die Ufer des Alsterkanals.

Der Alstersee ist ein wunderschönes Naherholungsgebiet mitten in der Millionenstadt.

Wiese zum Grillen und Picknicken, aber wir setzen am besten das Board links neben dem Ruderdenkmal ein. Es geht dann durch die Schwanenwikbrücke Richtung Mundsburger Kanal.

## Abwechslungsreiche Strecke

Nach zehn Minuten passieren wir die Spanische Treppe – übrigens einer der schönsten Uferabschnitte der Außenalster –, an der wir uns unbedingt ein leckeres Eis gönnen sollten, bevor es Richtung Kuhmühlenteich weitergeht. Hier finden wir an den Ufern viel Natur, und entspannte Angler werfen ihre Ruten ins kühle Nass. Um Rücksicht zu nehmen, machen wir daher um die Uferkante einen großen Bogen!
Sobald die Eilenau-Brücke passiert ist, wird das Gewässer ruhiger und wir fahren in den Eilbekkanal ein. Hier liegen die schönen Hausboote, und von der Wasserseite aus haben wir einen außergewöhnlichen Blick. Fast wie in Amsterdam! Nach ca. 30 Minuten heißt es hier leider Endstation. Wir erreichen den Ursprung des Eilbekkanals an einem kleinen Bach, den man mit dem SUP-Board nicht weiter passieren kann. Nun müssen wir uns auf den Rückweg machen und paddeln kräftig mit der Strömung. Nach einer Stunde sind wir wieder am Ausgangspunkt angelangt.
Alternativ paddeln wir auf der Gose und Dove Elbe, so heißen die beiden Nebenarme der Elbe in den Vier- und Marschlanden. Da

Leben auf dem Wasser: moderne schwimmende Häuser am Eilbekkanal

Großstadtromantik pur verspricht eine SUP-Tour auf dem Alstersee.

es hier weder Strömung noch Stromschnellen gibt, sind die Touren auch perfekt für Anfänger geeignet. Als kleinere Tour von zwei Stunden – ohne Pause – bietet sich die Strecke vom Bootsverleih in Kirchwerder bis zur Alten Seefelder Schule an. Hier schlängelt sich die Gose Elbe in vielen Windungen idyllisch an Kuhweiden, Wiesen und alten Fachwerkhäusern vorbei. Nach drei Kilometern gibt es dann am Ufer gegenüber der Schule einen schönen Picknickplatz. Natürlich gibt es noch eine Menge andere Touren, um Hamburg auf nachhaltige Art und Weise zu erleben.

## TIPPS & INFOS

**GEEIGNET** als Halb- und Tagestour.
**SUP-VERLEIH/KURSE** Kursangebote oder Equipment-Verleih unter www.supclubhamburg.de, www.sup-co.com oder alster-surfer.com
**MOBILER SUP-VERLEIH** Mobile SUP-Anbieter unter www.sup-port-hamburg.de, www.sup-piraten.com
**WEITERE SUP-TOUREN** Für Anfänger und Fortgeschrittene unter www.stand-up-paddling.org/sup-hamburg
**SUP-REGELN HAMBURG** Die goldenen Regeln für Stand-Up-Paddeln in Hamburg. www.kanu.de/Die-7-goldenen-SUP-Regeln-75520.html
**SUP-BEFAHRUNGSVERBOTE** SUP ist nicht auf allen Flüssen und Seen erlaubt. Nachzulesen unter supscout.de/blog/sup-basics/sup-verbote-befahrungsregeln
**ÜBERNACHTUNG** Nachhaltig verbringt man die Nacht im Schlafcubus. www.sleeperoo.de

# 9 Über den Wipfeln in Bad Harzburg

## Mit den Bäumen auf Tuchfühlung

In einem bequemen Gurt sitzend sausen wir an einem Rohrsystem durch alte Eichen und Buchen über einen Kilometer den Burgberg hinunter und entdecken danach im Tree Top Trail die Natur aus einer neuen Perspektive.

In Bad Harzburg erleben wir die Baumwipfel aus einer vollkommen neuen Perspektive! Vom Burgberg geht es mit der BaumSchwebeBahn Harz mit maximal 12–15 Kilometern pro Stunde durch den sich verändernden Baumbestand des Burgbergs und des Kalten Tals zum hinteren Ende des Baumwipfelpfades. Mit dieser Attraktion im Harz schweben wir, gut gesichert und richtig gemütlich im Gurt, an der Flyline über einen Kilometer den Burgberg hinunter. Dabei offenbaren sich atemberaubende Ausblicke. Durch alte Eichen und Buchen geht es den Burgberg in Serpentinen hinunter. Dabei wechseln sich spektakuläre Höhen mit echtem Naturerlebnis ab, und der Wald scheint zum Greifen nah. Die Schwebetour auch mit Blick in die Niedersächsischen Landesforsten, den Nationalpark Harz und den Baumwipfelpfad Harz ist ein erlebnisreiches Flugabenteuer – für Groß und Klein.

Wenn wir schon da sind, begehen wir auch gleich den Tree Top Trail, den Baumwipfelpfad. Dabei geht es hoch hinaus. Barrierefrei und für jede Altersgruppe erlebbar, haben wir bei diesem besonderen Wanderpfad einen einzigartigen Ausblick auf die Bad Harzburger Natur und erleben diese aus einer komplett neuen Perspektive. Auf 18 Plattformen auf dem rund einen Kilometer langen Pfad findet man fast 50 verschiedene

Gut gesichert geht es zwischen den Bäumen hindurch.

Die Baumschwebebahn liegt inmitten herrlicher Natur.

Erlebniselemente und Ruhestationen mit viel Wissenswertem. Dabei ist die Aussichtsplattform an der Eingangskrone 26 Meter hoch und die Gesamthöhe des Einstiegturms beträgt 30 Meter.

## Wald- und Naturmärchen lauschen

Für ein noch intensiveres Erlebnis – auch für Kinder – sollte man in den Wipfeln Natur- und Waldmärchen lauschen! Dabei taucht man in die Zauberwelt der mystischen Märchen ein. Es werden Fragen geklärt wie: Warum hat die Erle schwarze Knospen oder warum verliert die Lärche ihre Nadeln? Kann die Douglasie nachts wirklich nicht schlafen und warum sind Buchen und Buschwindröschen gute Freundinnen? Antworten findet man in der Welt der Naturmärchen. Wer weiß, vielleicht erzählt ja auch eine alte Fichte aus ihrem Leben.
Als Frühaufsteher starten wir den Tag am besten in der »blauen Stunde«, bevor er offiziell erwacht. Dabei erleben wir die Wipfel im beginnenden Tageslicht – eine sehr interessante Variante des Wipfelbesuchs. Die Nachtschwärmer unter uns nehmen eher an der »Batnight« teil. Dabei gehen wir auf die Suche nach den im Kalten Tal heimischen Fledermausarten. Mit etwas Glück sehen wir Fledermäuse, wie sie zwischen den Baumwipfeln und über den Köpfen hin- und herfliegen. Die Flugmanöver werden dann mit Ultraschalldetektoren wahrnehmbar gemacht. Mit der »Batnight« wird auch auf die Bedrohung der Fledermäuse aufmerksam gemacht.

Hier befindet man sich mit den Wipfeln der Laub- und Nadelbäume auf Augenhöhe.

Die imposante Architektur des sogenannten Doms fügt sich gut in die Landschaft ein.

Fast alle heimischen Arten stehen nämlich auf der Roten Liste.
Wem eher Kultur liegt, der nimmt an der »Natur meets Geschichte«-Führung teil. Dabei taucht man in die Geschichten vom Leben auf der Burg, von den Schätzen der Harzberge und vom wilden Jäger Hackelberg ein, der einst auf dem kleinen Burgberg lebte. Die etwas andere Stadtführung erleben wir bei der Stadtgeschichte in den Wipfeln. Hoch auf dem Baumwipfelpfad über dem Kalten Tal, dem einstigen erweiterten Kurpark der Stadt, wird die Gegenwart mit der Geschichte verbunden. Naturliebhaber sollten die Führung »Mythos Baum« und Tierliebhaber die tierische Spurensuche nicht verpassen. Natürlich ist Bad Harzburg auch einen Bummel wert.

## TIPPS & INFOS

**GEEIGNET** als Halb- und Tagesausflug.
**BAUMWIPFELPFAD** April – Okt. 9.30–18 Uhr, Nov. – März 10–16 Uhr. Klassische Eintrittstickets tagesaktuell am BurgBergCenter, Nordhäuser Str. 2b, Bad Harzburg. Oder Kombiticket mit Seilbahnfahrt (Berg- oder Tal-). Preise ab 8 EUR für Erwachsene. Die BaumSchwebebahn kostet extra. Erwachsene ab 18 EUR, Familienkarten möglich. www.baumwipfelpfad-harz.de

**ANREISE** Ab Bad Harzburg Bahnhof in 20 Minuten Gehzeit. Buslinien der KVG 873 und 871 direkt zur Haltestelle Burgbergbahn. www.bahn.de
**GEFÜHRTE SCUDDYTOUREN** Über Agentur HarzVenture Scuddytouren für Gruppen. Nach einer Grundeinweisung in die Fahrweise des E-Dreiradrollers, der bis zu 20 km/h schnell fährt und auch an Bergen nicht schlapp macht, geht der Fahrspaß in Begleitung eines Scouts los. scuddy.tours

# 10 Besuch bei den Wölfen

## Unvergessliche Eindrücke im Wolfcenter Dörverden

Im Wolfcenter im niedersächsischen Dörverden erfahren wir viel über die Rückkehr der Wölfe und erleben die Tiere hautnah.

Wölfe zählen zu den faszinierendsten Tieren. Viele Menschen träumen davon, ihnen zu begegnen, denn sie sind interessante Wesen. Leider löst der Wolf aber nicht nur Begeisterung aus, sondern weckt auch uralte Ängste. So kennt man sie im Märchen ausschließlich als bösartig. Schließlich handelt es sich um ein wildes Raubtier, das man keinesfalls mit einem Hund verwechseln sollte. Um Falschinformationen richtigzustellen und zu vermeiden, hat es sich das Wolfcenter Dörverden zur Aufgabe gemacht, Aufklärungsarbeit zum Verhalten der Wölfe zu leisten. Im Center leben mehrere Wolfsgrüppchen und es gibt eine interessante Ausstellung im Hauptgebäude der Anlage. Dabei geht es hauptsächlich um den Wolf! Die einzigartige Kombination aus Zoo, multimedialen Ausstellungen, Restaurant und naturnahen Übernachtungen verbindet Freizeit-, Erlebnis- und Bildungselemente.

Während einer Führung erklären die Mitarbeiter viel zum Verhalten der Wölfe. Wir erfahren Wissenswertes über sie und darüber, wie ein konfliktarmes Miteinander zwischen den Menschen und den wildlebenden Wölfen in Deutschland möglich ist. Denn das unabhängige Wolfskompetenzzentrum ist davon überzeugt, dass dies machbar ist! Falls die Wölfe es wollen, können wir bei einer solchen Führung auch mit den Wölfen heulen. Dazu müssen allerdings die Teilnehmer der Führung, also wir Menschen, als Gruppe heulen. Mit etwas Glück antworten die Bewohner der Gehege auf unser Heulen.

Das Baumhaushotel Tree Inn im Wolfcenter sieht aus wie ein überdimensioniertes Spielhaus, bietet aber jede Menge Komfort.

Der Wolf ist sehr anpassungsfähig an verschiedene Landschaften und Klimazonen.

Während der Führung besichtigten wir drei Gehege, die von Wölfen bewohnt werden. Das Wolfcenter beherbergt derzeit fünf Wolfsgruppen. Auch das Thema Herdenschutz wird bei der Führung genau erklärt. Und dann erreichen wir schon die wahrscheinlich spannendste Station: die Schaufütterung.

## Eindrucksvoll: die Wolfsfütterung!

Wer möchte, darf auch selbst probieren – eigenständig, aber nach Anweisung der Mitarbeiter –, die Wölfe mit Fleischstücken aus dem Futtereimer zu füttern. Dabei ist die Reaktion der Wölfe absolut abenteuerlich: Sie visieren das Futter an, springen durch die Luft, sammeln die Fleischbrocken und würgen das Fleisch schließlich hinunter, natürlich alles nach Rangordnung. Nach etwa einer Stunde endet die Führung, in der wir viel Spannendes über den Wolf und seine Bedeutung in unserem Ökosystem erfahren haben – ohne Glorifizierung des Raubtiers. Wer noch mehr Abenteuer wünscht, übernachtet im Wolfcenter, entweder im luxuriösen fünf bis acht Meter hohen Baumhaushotel Tree Inn oder in Tipis, in denen man den Geräuschen des Waldes bei Nacht lauschen kann, auch denen der Wölfe. Oder genießt einen Abend gemütlich am Lagerfeuer sitzend, den Wölfen beim Fressen zuschauend und beim Heulen zuhörend. In dem eintägigen Foto-Workshop hat man Gelegenheit, das Verhalten von drei Gruppen zu beob-

Mal was anderes: Luxuriös und naturnah nächtigt es sich im Tree Inn.

Ihr dichtes Fell schützt die Polarwölfe in ihrer ursprünglichen Heimat vor der Kälte, in Dörverden ist das nicht unbedingt nötig.

achten und – wenn möglich – in ein Gehege hineinzugehen, um einzigartige Motive abzulichten. Jeden letzten Sonntag in den Monaten Mai bis September kann man sich außerdem ab acht Uhr morgens auf eine Wolf-Fototour begeben. Wer mit Kindern ins Wolfcenter fahren möchte, nimmt am besten an speziellen Kinderführungen teil, die allerdings nur im Sommer stattfinden. Außerdem gibt es einen großen Spielplatz zum Austoben, einen Streichelzoo mit Ziegen und süßen Präriehunden, aber auch Greifvögeln. Wer noch Zeit hat, besucht das Freibad in Eystrup.

TIPPS & INFOS

**GEEIGNET** als Halbtagesausflug mit oder ohne Übernachtung

**WOLFCENTER DÖRVERDEN** Öffnungszeiten März – Okt. Mi – So 10 – 18 Uhr, Nov. – März Sa, So 10 – 17 Uhr, Ferien/Fei jeden Tag 10 –17 Uhr. Führungen mit Fütterung um 11.30 und 15 Uhr, nur Fütterungen um 13.30 Uhr. Spezielle Kinderführungen sowie Führungen für Erwachsene und Jugendliche möglich. www.wolfcenter.de

**ANREISE** Mit dem Bus zur nächstliegenden Bushaltestelle Dörverden-Barme Brücke/Wolfcenter, ca. 10-15 Minuten Fußweg. Mit der Bahn bis Bahnhof in Dörverden, dann mit dem Bus zum Wolfcenter. www.allerbus.de

**WOLFS- ODER GREIFVOGELPATENSCHAFT** Wer noch etwas Gutes tun möchte, kann für »seinen« Lieblingswolf oder einen Greifvogel eine Patenschaft abschließen. www.wolfcenter.de

# 11 Ruhe genießen auf dem Zauberland Juist

## Ökologisch vorbildlich

Einfach mal einen Gang runterschalten! Auf Juist funktioniert Entschleunigung – als ob die Insel Erholung und Gelassenheit herzaubert.

Zauberland – Töwerland – nennen die Einheimischen ihr Eiland. In der Tat fühlt sich auf Juist alles etwas langsamer, ruhiger, reiner an – und die Natur mit Dünen und Sandstrand ist tatsächlich zauberhaft. Die Nordseeinsel liegt als Teil der Ostfriesischen Inselkette mitten im UNESCO-Welterbe Wattenmeer. Sie ist eingerahmt von Borkum und Norderney und hat sich für die Zukunft so einiges vorgenommen: Bis zum Jahr 2030 möchte man hier $CO_2$-neutral leben! Die Insulaner selbst würden das wahrscheinlich im Handumdrehen schaffen, aber was ist mit den Besuchern, die allein durch ihre Anreise 8000 Tonnen $CO_2$ im Jahr produzieren? Deswegen haben sich die Einwohner ein Konzept überlegt, wie sie gemeinsam mit den Gästen das gesteckte Ziel erreichen, für das sie bereits CSR-zertifiziert wurden: So bieten Pensionen und Hotels Pauschalreisen mit der Bahn an, die mit Strom aus regenerativen Quellen fährt, und Auto-Anreisende zahlen eine entsprechende Kompensationspauschale.

Jeden Donnerstag gibt es in den Restaurants den Veggie-Day, da auch ein reduzierter Fleischkonsum auf dem Weg zur Klimaneutralität hilft. Zudem sensibilisiert die Kinderuni in den Sommermonaten zwischen Juni und September auch die jüngsten Gäste für ein nachhaltiges Leben. Juist hat so viel einzigartige Natur, Strände, Sehenswürdigkeiten und Ruhe zu bieten, die es sich wahr-

Juist ist mit seinen langen Stränden hervorragend für Ausritte geeignet.

Nichts als Sand, Strand und Dünen … und dann: die tiefblaue Nordsee!

haftig zu schützen lohnt! Das beginnt bereits bei der Anreise. Die Fähre geht maximal zweimal am Tag, natürlich nur bei Hochwasser. Die Fahrt dauert ca. eineinviertel Stunden und bei der Ankunft hören wir nichts weiter als Wellenrauschen, Möwengeschrei und den Hufschlag der Kutschpferde. Kein Auto- oder Motorradlärm, denn Juist ist komplett autofrei!

## Sightseeing, Vogelkiek, Bewegung

Die Insel zählt zu den sonnenreichsten Orten Deutschlands, sodass man dieses «Juist-Gefühl« das ganze Jahr genießen kann. Zwischen Ost- und Westspitze zieht sich ein scheinbar endloser Strand mit feinstem weißem Sand entlang und im Norden sieht man nichts als Wasser, Wolken – und absolute Weite.
Obwohl es einige Sehenswürdigkeiten auf der Insel gibt – wie den Hammersee, den Wasserturm, das Strandhotel Kurhaus, das Memmertfeuer, das Nationalparkhaus am alten Bahnhof, das Dörfchen Loog, das Küstenmuseum oder die Seebrücke, die wir natürlich auch alle besuchen –, ist die tatsächliche Attraktion die Natur! Um ihre Einzigartigkeit zu spüren, machen wir auf jeden Fall eine Wattwanderung. Ein besonderes Naturschauspiel ist auch das «Bill«, ein großes Sandriff, das sich am Westende von Juist befindet, wo das Wattenmeer und die Nordsee zusammentreffen.
Ein Paradies für Vogelfreunde ist die Insel Memmert. Sie gehört zur Schutzzone 1 des

Die Pferde auf Juist tragen wesentlich zur umweltfreundlichen Klimapolitik bei.

Naturnah, nachhaltig und auch noch ein besonderes Erlebnis ist eine Fahrt mit der Pferdekutsche.

Nationalparks Niedersächsisches Wattenmeer und das bedeutet: Betreten nur mit Ausnahmegenehmigung erlaubt – und die gibt es hier von August bis Oktober. Wer es doch etwas aktiver braucht, nimmt ein erfrischendes Bad in der Nordsee, probiert das Kiten und Windsurfen, bummelt über die Kurpromenade oder macht Radtouren und Wanderungen. Die großen Sandbänke, die von Prielen durchzogen sind, bieten uns dazu besonders bei Ebbe ein grandioses Bild und sind für Wanderer und Radfahrer ein einmaliges Erlebnis. Übrigens: einfach am Strand liegen, die Wellen und Wolken beobachten und tief durchatmen ist natürlich auch okay!

## TIPPS & INFOS

**GEEIGNET** als Wochenendtrip oder Mehrtagesurlaub.

**GENUSS, ÜBERNACHTEN** Unterkünfte und Restaurants, Teehäuser, Cafés, Imbiss, Kneipen und Schirmbars unter www.juist.de

**ANREISE** Zielbahnhof Norddeich-Mole. Dann Umstieg auf die Fähre. Juistanleger links aus dem Bahnhof, Straße überqueren. Gepäck in Koffercontainer bringen. Fahrkarte von der Deutschen Bahn bis zur Insel. Fährplan der Fähre nach den Gezeiten. Abfahrzeiten der Fähre können nicht auf Ankunftszeiten der Bahn abgestimmt werden.

**TÖWERCARD** Karte bei Ankunft auf der Insel. www.juist.de

# 12 KlimaTour durchs Teufelsmoor

## Denkanstöße en route in Worpswede

Die Radroute KlimaWandel Teufelsmoor steht voll und ganz im Zeichen des Klimawandels. Der 42 Kilometer lange Rundkurs führt uns an neun Klimapunkte, die spannende Fragen beantworten.

Startpunkt der Tour ist die Gästeinformation in Worpswede in der Bergstraße 13. Wir radeln die Lindenallee bis zum Manfred-Hausmann-Weg hinauf und dann rechts. Dabei bleiben wir am Waldrand (Susenbarg) und fahren zum am Hang sichtbaren Steg. Hier ist der erste Klimapunkt, der Steg am Weyersberg. An der Steganlage Teufelsmeer machen wir uns Gedanken darüber, wie in den Jahren 2026 und 2031 die Wasserstände sein könnten. Weiter geht es dann links den Berg hinunter über den Fritz-Mackensen-Weg. Hier halten wir uns rechts und fahren auf der Straße Am Hasenmoor, die später Nordweder Straße heißt. Dann biegen wir rechts in die Worpheimer Straße ab und überqueren vorsichtig die K 11. Dort ist ein Parkplatz, von dem der Radweg weitergeht. Auf diesem fahren wir dann Richtung Melchers Hütte. Hier am zweiten Klimapunkt, Trockenlegung der Moore, werden ihre Bedeutung als Kohlendioxidspeicher sowie die Torfzersetzung als Mitverursacher des Klimawandels genauer erläutert. Nur ein paar Meter weiter geht es dann zur Hamme und der neuen Brücke. Und schon sind wir am dritten Klimapunkt: Der Hamme geht die Luft aus! Was genau passiert, wird dort eindrucksvoll geschildert, bevor wir weiter nach Norden auf dem Weg An der Hamme bis kurz vor dem Bahndamm fahren. Hier steht der vierte Klimapunkt: Moore als Wasserspeicher. Moore halten den Niederschlag und die Überschwemmungen wie ein Schwamm fest. Und wenn es immer

Flaches Sumpf- und Moorgebiet an der Hamme, dem dritten Klimapunkt.

Das Teufelsmoor im prächtigen Farbspiel der untergehenden Sonne.

weniger Moore gibt? Mit diesen Überlegungen im Kopf fahren wir weiter hinter das Stauwehr zu dem befestigten Weg und schon von Weitem sichtbaren Aussichtsturm.

## Lehrreiche Etappen

Vom Turm, dem fünften Klimapunkt, haben wir einen eindrucksvollen Blick über die Überschwemmungslandschaft. Von hier führt der Weg nach Norden bis zur ersten Kreuzung, an der wir rechts abbiegen. Am nächsten Stauwehr fahren wir wieder links bis zur Brücke über das Flüsschen Beek. Nach zweieinhalb Kilometern finden wir links am Weg eine Pforte ins Moor bei Niedersandhausen. Von dieser Mooratmosphäre am sechsten Klimapunkt – Moore als Klimaschützer – lassen wir uns zu Fuß einfangen. Weiter geht es dann, bis wir auf die Schnirrenburgstraße treffen, an der wir links und gleich danach rechts in die Mullstraße einbiegen und dieser kurz folgen. Dann geht es rechts in die Heilsdorfer Straße und etwas geradeaus. In einer leichten Rechtskurve am Hamberger Moor – dem siebten Klimapunkt – stellen wir das Rad ab und spazieren zu Fuß den Rundweg entlang. Was passiert, wenn man Moore wieder vernässt, zeigt dieses Moor mit seiner Moorheide, dem regenerierenden Hochmoor und seiner Vielzahl an Moorgewässern.

Dann geht es zurück, bis die Lange Reihe rechts abbiegt und wir einfach dem Kiebitzschild bis zum achten Klimapunkt, dem Günnemoor, folgen. Im Günnemoor steht

Moore sind Feuchtgebiete, die für viele Tiere und Pflanzen wichtige Lebensräume bieten.

Der Aussichtsturm bei Osterholz-Scharmbeck scheint im Nichts zu enden und trägt den klangvollen Namen »Himmelstreppe«.

der Torfabbau kurz vor der Stilllegung. Und wie geht es danach weiter? Um Antworten auf diese Frage zu erhalten, folgen wir dem Kiebitzschild zum neunten Klimapunkt: regenerative Energien, als Alternative zu fossilen Energieträgern? Während wir uns darüber Gedanken machen, fahren wir durch die Ortschaft Bornreihe, lassen die Kiebitzbeschilderung links liegen und fahren rechts zurück zur Teufelsmoorstraße und bis zum gleichnamigen Rastplatz. Von dort geht es dann rechts bis zum links ausgeschilderten Feldweg, der zurück nach Worpswede führt.

## TIPPS & INFOS

**GEEIGNET** als Halb- oder Tagestour.
**ROUTE** Nicht nur glatte Fahrradwege, auch sandige und holprige Schotterwege. Möglichkeit, auf zwei Abschnitte zu teilen: Zuerst Wiesen, dann Moore. Keine Beschilderung, am besten mit GPS-Unterstützung fahren. www.kulturland-teufelsmoor.de
**ANREISE** Hauptbahnhof Bremen mit Buslinie 670 Verkehrsverbund Bremen/Niedersachsen (VBN) oder Regionalbahn zum Bahnhof Osterholz-Scharmbeck, weiter mit der Buslinie 640 des VBN nach Worpswede. www.bahn.de
**ALTERNATIVE** Mit dem Moorexpress, zwischen Mai und Oktober nur samstags, sonntags und an Feiertagen ab Bremer Hauptbahnhof und Stade. www.worpswede-touristik.de

Hausboote im Sumpfsee an der Kleinen Müritz
an der Mecklenburgischen Seenplatte

# Der Osten

## Weite und unberührte Natur

# 13 Aussichtswunder für Adleraugen

## Hoch hinaus auf Rügen

Auf dem spiralförmigen Wanderweg über den Baumwipfeln von Rügen erklimmen wir die Kronen jahrhundertealter Bäume und beobachten echte Seeadler im Flug.

Der Baumwipfelpfad Rügen, etwa fünf Kilometer vom Ostseebad Binz entfernt, ist eine spannende Attraktion. In verschiedenen Führungen erfahren wir mehr über den Pfad und über die Besonderheiten der Natur. Denn auf dem 1250 Meter langen Baumwipfelpfad erleben wir die Natur in unterschiedlichen Facetten. Der Baumwipfelpfad schlängelt sich dabei in einer Höhe von vier bis ca. 17 Metern über dem Waldboden durch das DBU Naturerbe Prora, das vielen Tieren und Pflanzen als Lebensraum dient. Ohne Stufen und nur mit leichter Steigung führt der Pfad an den Fuß des Aussichtsturms Adlerhorst, wo wir bereits eine Höhe von 42 Metern oberhalb von Normalnull erklommen haben. Während der Wanderung erleben wir beeindruckende Baumstrukturen, die in dieser Form bereits Jahrhunderte überdauert haben, und eine faszinierende Natur. Auf dem Weg zum Aussichtsturm probieren wir an mehreren Ausbuchtungen verschiedene Elemente und interessante Erlebnisstationen aus, wie zum Beispiel, in luftiger Höhe über wackelnde Balken und kippende Teller zu laufen. Falls man das nicht möchte, kommt man aber auch ohne solche Aktionen problemlos durch den gesamten Pfad.
Im Zentrum des Baumwipfelpfads steht ein Turm, der Adlerhorst. Seinen Namen verdankt er seiner Architektur, die das Nest

Vom 40 Meter hohen Turm des Baumwipfelpfads geht der Blick weit über die Insel und die Ostsee.

Weg hinunter zum weißen Sandstrand in Binz auf der Insel Rügen.

eines Adlers nachahmt. Dabei windet sich der 40 Meter hohe Turm um eine 30 Meter hohe und ca. 85 Jahre alte Rotbuche. Um die in der Mitte des Turms befindliche Buche erstreckt sich eine Rampe von 600 Metern Länge, die auf eine in 82 Metern Höhe gelegene Aussichtsplattform führt.

## Blick über die Insel

In der Mitte des Turmes befindet sich die Krone des Baumes, die von der Aussichtsplattform allerdings noch weit überragt wird. Von dort oben entdecken wir die grenzenlose Weite der Insel aus der Vogelperspektive: Bei klarer Sicht erkennen wir den Kirchturm von Stralsund oder die Pylonen der Rügenbrücke. Dazwischen befinden sich die Naturerbefläche Prora und der Jasmund Nationalpark. Auch die Boddenlandschaft, das Biosphärenreservat Südrügen und das Ostseebad Binz lassen sich von der Plattform mit ihrem mächtigen Durchmesser von 28 Metern aus entdecken. Ein besonderes Highlight sind die in dieser spannenden Naturlandschaft beheimateten Seeadler. Von der Aussichtsplattform Adlerhorst beobachten wir diese außergewöhnlichen Tiere, ohne sie zu stören, bei ihrem Aufstieg.
Von der Aussichtsplattform führt ein Abstieg dann wieder nach unten an den Fuß des Baumwipfelpfades. Hier ist die Attraktion allerdings noch nicht zu Ende, denn am ehemaligen Forsthaus Prora befindet sich ein Informationszentrum. Eine Dauer- und meh-

Saßnitz liegt auf der Halbinsel Jasmund im Nordosten der Insel Rügen.

Die leuchtend weiße Kreideküste Stubbenkammer im Nationalpark Jasmund

rere Wechselausstellungen informieren erlebnisorientiert über die Natur der Region. Die Dauerausstellung zum Nationalen Naturerbe sowie zur Naturerbefläche Prora ist übrigens multimedial aufbereitet und verspricht ein unterhaltsames und interessantes Format. Zusätzlich werden die Themen Nachhaltigkeit und Umweltschutz angesprochen. Ansonsten bietet Rügen natürlich viele Sehenswürdigkeiten, die wir auch noch besuchen können, wie die Stadt Stralsund – bekannt als »das Tor zu Rügen« –, das Ostseebad Sellin mit seiner Seebrücke oder der Ort Sassnitz mit der längsten Außenmole in Deutschland sowie dem imposanten Leuchtturm auf dem Molenkopf.

## TIPPS & INFOS

**GEEIGNET** als Tagestour oder innerhalb eines Mehrtagesurlaubs.

**BAUMWIPFELPFAD** Barrierefrei, Öffnungszeiten Mai – Sept. 9.30–19, April und Okt. 9.30-18, Nov. – März 9.30 – 16 Uhr. Letzter Einlass 1,5 Stunden vor Schließzeit. www.baumwipfelpfade.de

**ANREISE** Autofreie Anreise zum Naturerbe Zentrum Rügen und Prora mit öffentlichen Verkehrsmitteln aus allen Richtungen. Nachlass von 1 EUR auf den Eintrittspreis gegen Vorlage des tagesaktuellen Fahrscheins der Verkehrsgesellschaft Vorpommern-Rügen, Buslinien 24, 27 bis Haltestelle Prora Baumwipfelpfad bzw. Prora Forsthaus, oder Naturerbe-Prora-Express. www.vvr-bus.de, ruegen-bahnen.de/prora-express
Wer diese Region der Insel Rügen auf eine besondere Art und Weise entdecken möchte, sollte mit der historischen Schmalspurbahn »Rasender Roland« anreisen. www.ruegensche-baederbahn.de

# 14 Große Paradies-Tour mit dem Kanu

## Wir erkunden das Krakower Seengebiet

Paradiesische Wasserwanderung in einer schier endlosen Naturlandschaft vom Gruber See über das Serrahner Wasser, den Serrahner See und den Stadtsee zurück zum Gruber See.

Der Müritz-Nationalpark ist mit 322 Quadratkilometern der größte landseitige Nationalpark in Deutschland. Er teilt sich in zwei Gebiete: Das eine zieht sich von Waren (Müritz) am Ostufer der Müritz entlang und das andere, kleinere Gebiet liegt östlich von Neustrelitz. Ein Teil davon gehört zum UNESCO-Weltnaturerbe Alte Buchenwälder. Die Buchenwälder von Serrahn befinden sich dabei im westlichen Teil des Müritz-Nationalparks. Es ist ein urzeitliches Idyll direkt vor der deutschen Haustür: Uralte Buchen, glitzernde Seen, viele Vögel und auch Waschbären gibt es im Weltnaturerbe-Buchenwald Serrahn an der Seenplatte. Absterbende Bäume spiegeln sich hier im Wasser, ein Eisvogel ruht sich auf einem Ast aus und Seerosen blühen. Diese Serrahner Buchenwälder zeugen bis heute davon, wie einst die Urwälder in Deutschland ausgesehen haben. Das alte Waldgebiet mit seinen Seen, Mooren und Wiesen wurde seit Jahrzehnten weitgehend sich selbst überlassen. Kraniche, See- und Fischadler brüten in der wasserreichen Landschaft, Pilze und Insekten finden in den naturbelassenen Wäldern reichlich Totholz und damit selten gewordenen Lebensraum. Die Mecklenburgische Seenplatte erstreckt sich dabei von den großen Gewässern Plauer-, Kölpin-, Fleesensee und der Müritz bis hin zur nördlich gelegenen Krakower Seenkette. Im Süden bezeichnet man ab Mirow die Region als Kleinseenplatte, welche im Osten bis zur Feldberger Seenlandschaft

Ein Kajak nach dem anderen passiert die Bootshäuser bei Mirow.

Stimmungsvoller Sonnenuntergang am Wasser im Müritz-Nationalpark

reicht. Der westlichste Punkt der Seenplatte ist Plau. Bekannte Orte sind außerdem Röbel (Müritz), die Inselstadt Malchow, Krakow am See, Wesenberg und Neubrandenburg.

*Der Krakower See ist einer der schönsten Seen im Naturpark*

Neben Wandern und Radfahren ist eine Wasserwanderung eine originelle Möglichkeit, im Nationalpark die Natur mit ihrer vielfältigen Flora sowie die vielen seltenen Tiere zu entdecken. Die Gewässer der Mecklenburgischen Seenplatte sind – bis auf wenige Ausnahmen – keine Fließgewässer, sodass für die Paddler weder Strömung noch Wehre das Kanuvergnügen erschweren. Die landschaftliche Vielfalt ermöglicht dabei Kanutouren für jeden Geschmack: ob gemütliche Rundtouren nur für ein paar Stunden oder anspruchsvolle Mehrtagestouren.

Der Krakower See ist dabei ein wahres Paradies für Freizeitkapitäne. Rudern, Paddeln, Wassertreten, Segeln und Surfen sind die bevorzugten Wassersportarten, die man hier ausüben kann. Das interessante Gewässer bietet aber vor allem Wasserwanderern zahlreiche Möglichkeiten, sich in der Natur zu entspannen. Eine erlebnisreiche, aber leichte Kanurundtour ist dabei die 20 Kilometer lange »Große Paradies Tour« vom Nordufer des Krakower Sees zum Nebeldurchbruchstal bis zum Wadehäng. Denn der Krakower See scheint in eine unendliche Naturlandschaft eingebettet zu sein. Seine ca. 16 Quadratkilometer große Wasserfläche breitet sich in den Tälern einer malerischen Endmoränenlandschaft der letzten Eiszeit aus und umspült viele Inseln und buchtenreiche Ufer. Der See ist sehr stark gegliedert. Beim Befahren können wir den Eindruck be-

kommen, dass sich immer wieder neue Teilseen mit eigenen Namen auftun. Dabei paddeln wir an reetgedeckten Bootshäusern, urigen Bootsstegen und unberührten Inseln entlang. Aus der Luft betrachtet ähnelt der See zudem der Zahl sieben. Dies kann man als gutes Zeichen werten, denn die Sieben ist als ein magisches, geheimnisvolles und glückbringendes Symbol bekannt. Start und Ziel ist der Luftkurort Krakow am See. Hier nehmen wir uns auf jeden Fall etwas Zeit und sehen uns die Fischerhüden, den Aussichtsturm auf dem Jörnberg, das neugotische Rathaus und die Stadtkirche aus dem 13. Jahrhundert an.
Das Kanu setzen wir am Treff Erlebnisgastronomie am Gruber See ein. Dort gibt es auch Boote zum Ausleihen. Los geht's links am Nordufer entlang. Wir passieren den Campingplatz und dann rechts die Insel Tümmel Um, und es geht weiter am Ufer entlang bis zur Verbindung vom Stadtsee zum Serrahner Wasser. Der Serrahner Kirchturm ist unser Ziel. Nach ca. drei Kilometern erreichen wir dann die Stelle, an der die Nebel aus dem Krakower See in ihr Durchbruchstal fließt.

## Kanutour mit Naturlehrpfad

An der Landzunge entlangfahrend, finden wir an der Spitze die mit Schilf verdeckte Durchfahrt zum Serrahner See. Wer hier eine kleine Pause einlegen möchte, nutzt die gleichnamige Badestelle unmittelbar am Naturschutzgebiet Nebeldurchbruchstal. Wir nehmen uns die Zeit und besuchen die in der Nähe des Naturschutzgebietes Nebel auf einem Naturlehrpfad erreichbare Kuchelmißer Wassermühle. Das technische Denkmal aus dem Jahre 1791 beheimatet

Friedlich liegen abends die Segelboote im Hafen von Röbel an der Müritz.

Es gibt noch mehr Stellen im Müritz- Nationalpark, um sich ein Kanu auszuleihen.

Nach der Kanutour locken endlose Radwege zum Teil durch uralte Alleen.

Stellenweise sind wir in dem großen Seengebiet sehr einsam unterwegs.

heute ein Mühlenmuseum. Danach verlassen wir den Serrahner See und halten uns links zum Eichenwerder. Ein Abstecher zur Insel Liepse ist sehr lohnenswert. Aber aufgepasst: Entlang des Ufers und der Insel können größere Steine im Flachwasser liegen! Nach ca. vier Kilometern hinter Serrahn erreichen wir die Enge zwischen Unter- und Obersee, das Wadehäng. Das Wadehäng ist übrigens der Ort, wo die Fischer die Waden – fischersprachlich großes Zugnetz – zum Trocknen aufgehängt haben. Das Befahren des Obersees ist nicht erlaubt, aber an der Brücke können wir wunderbar rasten. Dort gibt es auch einen Grillplatz und zwei Einkehrmöglichkeiten.

## Vogelwelt, Inselidylle, Badefreuden

Das Naturschutzgebiet des Krakower Obersees gilt übrigens als Eldorado für Wasservögel. Dieses störungsfreie Rückzugsgebiet ist die Heimat von Seeadlern, Fischadlern, Schwarzmilanen, Rohrdommeln und Eisvögeln. Also Augen auf, vielleicht entdecken wir ja einen davon! Weiter geht es dann an den Inseln Borgwall und Küche vorbei zur Insel Schwerin. Dort ist auch noch eine tolle Badestelle, bevor es dann weiter entlang des Ufers zum Stadtsee geht. Hier legen wir auf jeden Fall am alten Wäschesteg und an der Seepromenade einen Zwischenstopp ein. Ein Spazierweg auf der Seepromenade eröffnet uns schöne Blicke auf das Krakower Kleinod und eine wunderbare Natur. Danach paddeln wir an der Seeuferpromenade vorbei und folgen links dem Ufer. Nach der Badeanstalt umrunden wir dann die Halbinsel Lehmwerder, um zum Aussetzen wieder zum Gruber See zurück zu paddeln. Beim Übergang vom Ehmkwerder zum Lehmwerder bietet sich auf der einen Seite übrigens eine tolle Aussicht auf den Campingplatz und den Gruber See. Auf der anderen Seite lohnt sich ein Blick auf die Badeanstalt und den Stadtsee. Das Wasser an den Badestellen Wadehäng, Historische Badeanstalt, Serrahn und Campingplatz sind zum Baden sehr gut geeignet. Proviant nehmen wir entweder selbst mit oder kehren am Gruber See, Serrahner Wasser, Serrahner See oder am Stadtsee ein. Je nachdem wie gut man konditioniert ist und wie viele Stopps man einlegt, rechnen wir mit etwa zwei bis drei Stunden Kanufahrt.

## TIPPS & INFOS

**GEEIGNET** als Halb- oder Tagestour.
**KANUVERLEIH** www.krakow-am-see.de
**ANREISE** Mit Bahn bis Bahnhof Güstrow, ab Bahnhof Güstrow mit Bus inklusive Fahrradtransport nach Krakow am See. www.bahn.de, www.hanseatische-eisenbahn.de, www.rebus.de
**HINWEIS** Die Tour kann problemlos auch von Paddelanfängern gefahren werden. Bitte achtsam in der Natur bewegen und Müll wieder mitnehmen! Durchschnittliche Geschwindigkeit für Anfänger von ca. 3–4 km/h. Picknickpausen verlängern die Zeitspanne. Wenn man sich das Kanu oder Kajak ausleiht, bitte den Vermieter über das jeweilige Revier zu Hinweisen zum Thema Naturschutz und aktuellem Zustand des gewählten Flussabschnittes fragen. »Kanutaxi-Dienst« sollte zum Service des Vermieters gehören.

# 15 Hiddensee, Kleinod der Ostsee

## Lange Strände und Steilküsten

Eine idyllische Reise zu einem autofreien Stückchen Erde: Hiddensee – ruhig, ursprünglich, vom Wasser umgeben und ideal zum Wandern, Entspannen und Entschleunigen.

Obwohl viele Touristen die Insel jedes Jahr besuchen, ist Hiddensee ein Ort für Romantiker, ruhig und ursprünglich. Sie liegt – nur durch eine Sandbank getrennt – westlich von Rügen, ist nur knapp 17 Kilometer lang und an der schmalsten Stelle auch nur 250 Meter breit.
Von Schaprode auf Rügen aus gehen die Fähren nach Hiddensee. Wer vor der Abfahrt noch Zeit hat, kann die uralte St.-Johannes-Kirche besichtigen. Der Altarraum und die kunstvoll verzierte Kanzel stammen aus dem 13. Jahrhundert. Aber auch die umliegenden Häuser mit ihren Reetdächern und den davor blühenden Rosen lohnen einen Abstecher. Im Hafen können wir nachmittags, wenn die Fischer mit ihrem Fang von der Ostsee zurückkommen, frischen Fisch kaufen. Angekommen auf Hiddensee wird sofort klar: Es ist ein umweltschonendes Ziel, denn es gibt abgesehen von Inselbus, Polizei und Feuerwehr keine Autos. So lässt sich die Insel auch am besten zu Fuß oder mit dem Fahrrad, das man in allen Orten mieten kann, entdecken.
Den Leuchtturm Dornbusch dürfen wir uns auf keinen Fall entgehen lassen. Er steht auf dem höchsten Hügel – 72 Meter – mitten im Nationalpark Vorpommersche Boddenlandschaft Hiddensee, und wir haben einen wundervollen Blick auf Hiddensee und die Insel Rügen. Gebaut wurde er 1887 bis 1888 aus Ziegelmauerwerk, ist 27,45 Meter hoch und gilt als Wahrzeichen der Insel. Seine Licht-

Kloster ist einer der vier Ortsteile, die zur Gemeinde Hiddensee gehören.

Das Leuchtfeuer Dornbusch ist durch seine exponierte Lage weithin sichtbar.

quelle reicht knapp 95 Meter weit und wird auch Leuchtfeuer Dornbusch genannt. Am besten erreichen wir ihn mit dem Fahrrad oder gemütlich zu Fuß in 45 bis 60 Minuten von dem Ort Kloster aus.
Der Leuchtturm liegt ganz in der Nähe von Grieben, dem ältesten Ort der Insel. Von hier aus können wir auch über den Hochuferweg zum Leuchtturm oder zum alten Bessin wandern. Wenn wir den Leuchtturm gesehen haben, empfiehlt sich ein Spaziergang im Dornbuschwald an der Steilküste, denn der wunderschöne Panoramablick ist einzigartig. Am besten nehmen wir den kleinen, ausgewiesenen Pfad zum Kieselstrand, der über Treppenstufen durch ein Wäldchen bis zum Strand führt.

## Strandfreuden je nach Gusto

Um mehr Abenteuer zu erleben, kann man die Nordspitze am Ufer der Steilküste entlang zu Fuß umrunden. Aber auch der ausgeschilderte Höhenweg durch den Dornbuschwald ist eine gute Möglichkeit, das Hochufer zu erkunden. Leider gibt dieser Weg keinen Einblick in die grandiose Szenerie der Steilküste. Da haben wir als Strandgänger wesentlich mehr davon. Grundsätzlich ist bei

Feiner weißer Sand ist typisch für die Strände von Hiddensee.

Der Insel Hiddensee westlich von Rügen sind einige kleinere Inseln vorgelagert.

dieser Wanderung immer zu erhöhter Aufmerksamkeit und Vorsicht geraten. Bei hohem Wasserstand und nach ausgiebigen Regengüssen sollten wir von dieser Höhenroute komplett absehen.
Wer sich nach der Wanderung oder der Fahrradtour ausruhen und das Meer genießen möchte, kann den Strand Kloster, der dann im Süden in den Strand Vitte übergeht, besuchen. Der sehr ruhige, steinige Naturstrand Kloster grenzt an die zerklüftete Steilküste und ist für FKKler (Freikörperkultur) geeignet. Wem feinsandiger weißer Sandstrand lieber ist, der ist am Strand Vitte am besten aufgehoben. Sein Wasser fällt sanft ab, und mehrere Sandbänke lassen die Wellen brechen, sodass er auch für Familien mit Kindern geeignet ist – wie auch der im Süden der Insel liegende, sechs Kilometer lange, steinfreie und ruhige Strand Neuendorf.

## TIPPS & INFOS

**GEEIGNET** als Tagestour, Wochenendtrip oder Mehrtagesurlaub auf Hiddensee.
**HIDDENSEE** Bestandteil des Nationalparks Vorpommersche Boddenlandschaft. Die Neulandbildungen am Gellen und Bessin zählen zu den wenigen naturbelassenen Räumen in Deutschland. Landschaftlich lässt sich die Insel in drei Abschnitte unterteilen: im Norden das Hochland Dornbusch mit dem gleichnamigen Leuchtturm und der bis zu 60 Meter hohen Steilküste Dornbuschkliff. In der Mitte das Flachland mit Dünenheide und langen Sandstränden und im Süden der »Gellen« – ein sandiges Schwemmland, das zum größten Teil Vogelschutzgebiet und deshalb nicht zugänglich ist. www.hiddensee.m-vp.de
**ÜBERNACHTUNG** www.hiddensee.m-vp.de
**ANREISE** Fähre von Schaprode auf die Insel Rügen nach Hiddensee. In der Saison fahren Schiffe ab Breege, Wiek, Dranske, Stralsund und Zingst. www.reederei-hiddensee.de

# 16 Berlin – immer eine nachhaltige Reise wert

## Gesunde Vielfalt

Wir sind auf einer besonderen Entdeckungstour in Berlin Friedrichshain für ein nachhaltiges Wochenende bzw. einen Tagestrip.

Berlin wartet neben mehr als einer Million Bäume und 200 Parks in freier Natur mit einer ganzen Fülle an besonderen Orten auf. Diese nachhaltige Entdeckungstour durch Berlin Friedrichshain starten wir am besten in der Frankfurter Allee 11 im Café Tasso, eigentlich ein Antiquariat. Allerdings gibt es hier nicht nur tolle Bücher, sondern auch eine biozertifizierte Gastronomie: Alle Speisen und Getränke sind aus 100 % biologischer Erzeugung. Wir bekommen neben einer feinen Auswahl verschiedener sehr leckerer Frühstücksvariationen auch selbstgebackene Kuchen und Torten, Kaffee aus dem peruanischen Hochland, Salate und Quiches sowie vegetarische und vegane Gerichte. Das Café Tasso zeigt außerdem, dass »bio« nicht teuer sein muss, aber lecker und kreativ sein kann. Zudem wird hier mit unterschiedlichen Geschmackskombinationen experimentiert, sehr köstlich! Gut gestärkt geht es weiter zum Osthafen, Stralauer Allee 3. Dort unternehmen wir nicht wie sonst üblich mit einem dieselbetriebenen Schiff eine Spreetour, sondern wir fahren angetrieben mit Solarenergie. Für diese nachhaltige Bootstour sorgt das alternative Unternehmen SolarWaterWorld. Wer gerne als Skipper unterwegs sein möchte, kann das Solarboot auch führerscheinfrei nach entsprechender Unterweisung selbst fahren! Wenn wir genug vom Wasser haben, gönnen wir uns im Goodies in der Warschauer Straße 69 eine leckere Kaffeespezialität oder einen grünen Smoothie. Sehr zu empfehlen sind auch der

Junge Leute in einer schönen warmen Sommernacht in Berlin.

Bio schon beim Frühstück: Granola-Müsli und ein Cappuccino dazu

Kokosnuss-Kefir und das Kokos-Granola mit einem köstlichen Cookie oder ein fluffiger Scone mit Himbeeren und Blaubeeren. Natürlich alles aus edlen Bio-Zutaten.
Damit wir uns die Kalorien wieder abtrainieren, machen wir einen idyllischen, knapp drei Kilometer langen Spaziergang am Uferweg rund um die Halbinsel Stralau. Dort gehen wir vorbei an selbst gezimmerten Hausbooten, Uferbänken im Schilf, saftig grünen Wiesen, Schatten spendenden Kastanien und kleinen Häfen mit schaukelnden Segelbooten.

## Sportlich unterwegs oder fair shoppen

Auf der Nordseite sehen wir die Knabenhäuser der Rummelsburger Bucht und auf der Südseite entdecken wir die Insel der Jugend, das Riesenrad im Spreepark und den weitläufigen Treptower Park. Wem das nicht schnell genug ist, der versucht sich im Inlinern im Volkspark Friedrichshain. Im Parkbereich, der an die Danziger Straße Ecke Am Friedrichshain grenzt, gibt es einen asphaltierten Rundweg, auf dem wir wunderbar Inlinern können. Er ist zwar nicht sehr lang, eignet sich dafür aber bestens auch für Anfänger. Im Volkspark selbst ist leider viel Kopfsteinpflaster verlegt, sodass es hier weniger Spaß macht. Wer keine Lust auf Inlinern hat, besucht den Flohmarkt am Boxhagener Platz. Hier entdecken wir unendlich viel: von Gemüse bis hin zu Designprodukten. Es gibt

Die solarbetriebenen Ausflugsboote legen auch im Medienviertel an der Spree an.

Naherholung in der Stadt: See mit Fontäne im Volkspark Friedrichshain

Stände mit internationalen Spezialitäten, aber auch traditionelle Läden. Eine andere, wunderbare Adresse für alle, die Papeterie lieben oder ein kleines Geschenk suchen, ist das Schwesterherz in der Gärtnerstraße 28. Es gibt schöne Notizbücher, individuelles Geschenkpapier und liebevoll gestaltete Grußkarten. Wer sich eher für Eco-faire Mode interessiert, sollte unbedingt den Vegan-Fair-Fashion Laden Loveco in der Sonntagstraße 29 besuchen. Loveco vertreibt nur Mode aus Materialien, die langlebig, ökologisch und pflegeleicht sind. Im Sortiment findet man Biobaumwolle, Tencel, Leinen, Hanf, recyceltes Polyester und EcoVero. Einen eigenen Store für vegane Schuhe hat das Label übrigens in Berlin-Kreuzberg eröffnet. Beide sind einen Besuch wert! Aber auch die Second-Hand-Mode-Liebhaber unter uns finden ihr Mekka. V Vintage Fashion in der Kopernikusstraße 18 ist ein richtiger cooler Laden, um gebrauchte Klamotten zu kaufen. Hier finden wir eine tolle Auswahl, übersichtlich präsentiert und zu absolut fairen Preisen! Gesunde Schönheit durch Naturkosmetik gibt es bei Amazingy in der Pettenkoferstraße 12. Wir werden wunderbar beraten, und wer nicht in Berlin wohnt, kann die Produkte auch online nachbestellen.

Im Good Bank in der Rosa-Luxemburg-Straße 5 kommen dann die Fans von regionaler Küche auf ihre Gaumenfreuden. Das Restaurant baut sein Gemüse im Umkreis der Location an und verarbeitet es dann wenige Meter weiter in der eigenen Küche. Wem es allerdings mehr nach orientalisch-vegetarischer Kost ist, der sollte das Bio Fein Bio in der Simon-Dach-Straße 10 besuchen. Die Mezze-Teller sind sehr lecker! Einen Burger wie ein meisterhaftes Gemälde, der auch noch sagenhaft schmeckt, bekommen wir im Rembrandt Burger in der Richard-Sorge-Straße 21. Die Weizen- und veganen Vollkornbrötchen werden vom Meisterbäcker täglich frisch gebacken, das Fleisch der Hohenloher Rinder als unangefochtener Mittelpunkt drapiert und mit Saucenkreationen nach eigener Rezeptur und holländischen Fritten garniert – der perfekte Genuss. Nachhaltiges Süßes finden wir nach dem

*Berlin ist für jedes Alter mehr als nur sehenswert.*

Essen in der Craft-Eisdiele »Chipi Chipi Bombon« in der Warschauer Straße 12. Craft-Eis bedeutet, dass die Eisherstellung als Kunst angesehen und das Eis komplett ohne indus-

EC
ATM

Sonntags bei schönem Wetter auf dem Flohmarkt am Boxhagener Platz.

Kleiner Bootshafen im südwestlich des Zentrums gelegenen Stadtviertel Rummelsburg.

trielle Produkte zubereitet wird. Für die vielen leckeren italienischen und argentinischen Eissorten wird nur Heumilch verwendet. Dabei füttert man die Kühe auf eine ganz besondere, traditionelle Weise: im Sommer auf der Weide mit Gräsern und Kräutern und im Winter mit Heu. Unbedingt probieren!

## Picknick und Kino im Park

Gemütlich, romantisch und spannend lassen wir dann im Liegestuhl in Berlins schönstem Freiluftkino den Tag unter dem Sternenhimmel ausklingen. Im Volkspark Friedrichshain mit 1500 Plätzen auf bequemen Bänken mit Rückenlehnen, 300 Plätzen an Tischen und üppigen Liegewiesen werden auf der großen Leinwand der Open-Air-Bühne aktuelle Kinohits, Klassiker und Kultfilme, Thriller und Komödien gezeigt. Außerdem hat man genügend Platz, um sich mit Decken und Picknickkorb auszubreiten. Übrigens ist der Volkspark mit seinen »Bergen« – dem kleinen und großen Bunkerberg – eine der schönsten grünen Oasen in Berlin und zu jeder Jahreszeit einen Besuch wert.
Nach unserem aufregenden Tag in Berlin übernachten wir im Bio-Hotel »Almodóvar« in der Boxhagener Straße 83. Im Wellness- und Spa-Bereich hoch oben über den Dächern Berlins lassen wir es uns in der Sauna oder dem japanisch inspirierten Onsen gut gehen und genießen einen ausgezeichneten Wein bzw. Drink in der gemütlichen Loungebar. Die Zimmer sind in klaren modernen Formen gestaltet, das Holz für die Möbel im gesamten Hotel stammt aus nachhaltiger Forstwirtschaft, für Wandfarbe und Fußboden wurden rein ökologische Materialien verwendet und Strom wird aus erneuerbaren Energien gewonnen. Die Speisen im hoteleigenen Bistro sind natürlich bio und aus der Region. Zudem liegt das Hotel sehr zentral und bietet eine optimale Anbindung an alle Bezirke: ein idealer Ausgangspunkt für unseren Aufenthalt!

## TIPPS & INFOS

**GEEIGNET** als Tagestour und Wochenendtrip.
**ANREISE** Züge nach Berlin ab jedem größeren Bahnhof. Oder per Fernbus. www.bahn.de, www.fernbusse.de
**CAFÉS** cafe-tasso.de, goodies-deli.com
**SOLARWATERWORLD** www.solarwaterworld.de
**HALBINSEL STRALAU** Von den Bahnhöfen Ostkreuz, Rummelsburg oder Treptower Park. www.stralauer-halbinsel.de
**WOCHENMARKT** Boxhagener Platz. www.boxhagenerplatz.org
**SHOPPING** www.schwesterherz-berlin.de, loveco-shop.de, amazingy.com
**V VINTAGE** FASHION Second-Hand-Shop Mo–Sa 12–20 Uhr.
**RESTAURANTS** shop.good-bank.de, www.rembrandt-burger.de, www.chipichipibombon.com
**FREILUFTKINO** Bis S-Bahnhof Landsberger Allee, weiter mit Tram M5, M6, M8. Tram-Linien M5, M6, M8 Haltestelle: Platz der Vereinten Nationen Tram-Linien M10, aus Prenzlauer Berg und von Warschauer Straße Haltestelle: Landsberger Allee/ Petersburger Straße. www.freiluftkino-berlin.de
**ÜBERNACHTUNG** almodovarhotel.de

# Umweltbewusst urlauben

## Wie vereinen wir Reiselust und gutes Gewissen?

Im Winter Sonne tanken in der Karibik, im Herbst gegen das Schmuddelwetter auf die Kanaren, im Frühling einen Städtetrip nach New York und im Sommer eine Schiffsreise in die Antarktis. Dank grenzenloser Mobilität ist es heute einfacher als je zuvor, die Welt zu entdecken. Doch der boomende Tourismus hat leider nicht nur Sonnenseiten. Wir vergessen gerne, dass unsere Reiselust auch negative Auswirkungen auf die Bevölkerung am Urlaubsort und vor allem auf unsere Umwelt hat. Aber komplett aufs Reisen zu verzichten ist auch keine Option. Zum Glück gibt es genügend Möglichkeiten, den Urlaub nachhaltig zu gestalten. Denn nachhaltig reisen hat viele Namen und liegt im absoluten Trend. Auch während und nach der Coronavirus-Pandemie sind Ökotourismus, sanfter Tourismus oder Green Travel wichtige Kriterien für die Wahl des Reiseziels.

Aber was bedeutet nachhaltig Urlaub machen eigentlich? Im Grunde geht es bei verantwortungsbewusstem Reisen darum, dass die Umwelt geschützt und der Wohlstand von Einheimischen unterstützt wird. Mit dem Ziel, besondere Rücksicht auf die an-

Herbstlicher Morgennebel wabert über dem Riegsee, während sich das Estergebirge schon in den ersten Schnee hüllt.

Nachhaltig urlauben beginnt schon bei der Anreise.

sässige Bevölkerung zu nehmen und gleichzeitig die Natur ökologisch wichtiger und schützenswerter Gebiete möglichst wenig zu belasten. Es umfasst also nicht nur ökologische, sondern auch soziale Aspekte.

## Wandern und Radfahren

Die nachhaltigsten Möglichkeiten, Urlaub zu machen, sind Wandern und Radfahren – und beide sind alles andere als langweilig. Allerdings gilt auch hier: Wenn, dann möglichst nachhaltig wandern bzw. radeln und die Natur schonen! Dazu gehört neben der Anreise mit Bus und Bahn auch die eigene Ausstattung. Man muss sich nicht komplett neu ausrüsten. Allerdings sollte man beim Wandern nicht auf gute Wanderschuhe und dem Wetter und der Jahreszeit entsprechende Kleidung verzichten. Und wer sich doch neu einkleidet, der sollte Wert auf nachhaltigere Stoffe legen. Marken wie Patagonia, Odlo, Pyua, Elkline, hessnatur und Klättermusen verzichten überwiegend auf synthetische Fasern und Chemikalien.

## Müll wieder mitnehmen!

Natürlich wollen wir auch die Natur erleben. Doch die geschützten Räume der heimischen Tierarten müssen dabei tabu bleiben. Es geht darum, die Natur, also die Tier- und Pflanzenwelt zu respektieren und deshalb auf den ausgewiesenen Wander- und Radpfaden zu bleiben. Aber auch unsere Mitmenschen sind schützenswert, denn wo wir in Scharen einfallen, nerven wir auch die Einheimischen. Ebenfalls wichtig ist das Müllthema: Wir nehmen unseren Müll immer wieder mit und lassen keinesfalls Essensverpackungen oder Taschentücher (!) in der Natur liegen – auch nicht nach dem Pipimachen. Das gilt auch für vermeintlich natürlichen Abfall wie Bananenschalen. Die exotischen Früchte verrotten in unserer Natur nur langsam und sind für die heimischen Wildtiere nicht geeignet. Aber wir sollten uns auch ressourcenschonend verhalten. Dazu gehört es, beispielsweise in Mangelwassergebieten die Handtücher mehrmals zu benutzen, nur kurz zu duschen oder Hotels mit großen Poollandschaften zu vermeiden.

*eu.patagonia.com*
*www.odlo.com*
*pyua.de*
*www.elkline.de*
*www.hessnatur.com*
*www.klattermusen.com*

# 17 Segeln auf den Havelseen

## Der Kaffenkahn fährt noch

Wir erleben die traditionelle Schifffahrt auf einem historischen Lastensegler auf den Havelseen um Fürstenberg an der Havel.

Umschlungen von der Havel und malerisch gelegen auf drei Inseln zwischen Röblinsee, Baalensee und Schwedtsee und zwischen den Naturparks Uckermärkische Seen und Stechlin-Ruppiner Land liegt die Stadt Fürstenberg. Dabei wirkt ihre Auszeichnung mit dem Namenszusatz Wasserstadt wie eine Einladung an alle Wasserabenteurer, vor allem da die Rheins-

berger und Fürstenberger Seenkette mit ihren 170 Seen Teil von Europas größtem Binnenwassersportrevier ist. Bevor wir uns – egal, auf welche Art – aufs Wasser begeben, besuchen wir die Dorfkirche mit ihrem Kirchhof, die Gedenkstätte Ravensbrück, das herzogliche Schloss von Architekt Julius Löwe und die Stadtkirche von Friedrich Wilhelm Buttel.
Danach erleben wir ein spezielles Schifffahrt-Highlight auf dem Kaffenkahn »Concordia«: Segeln, Staken, Treideln – eine maritime Zeitreise zurück ins 17. bis 19. Jahrhundert und ein außergewöhnliches Freizeitvergnügen. Der Kaffenkahn war ein besonders einfach gebauter, günstig einsetzbarer Schiffstyp und wurde auf Treidelpfaden von Pferden oder Menschen gezogen. Heute gibt es nur noch zwei historisch originalgetreue Schiffe in Deutschland. Das eine gehört dem Deutschen Technikmuseum in Berlin-Kreuzberg und das andere ist

Einer der beiden noch erhaltenen Kähne dieser besonderen Machart fährt auf den Havelseen.

Der Backsteinbau der Fürstenberger Stadtkirche wurde Mitte des 19. Jahrhunderts errichtet.

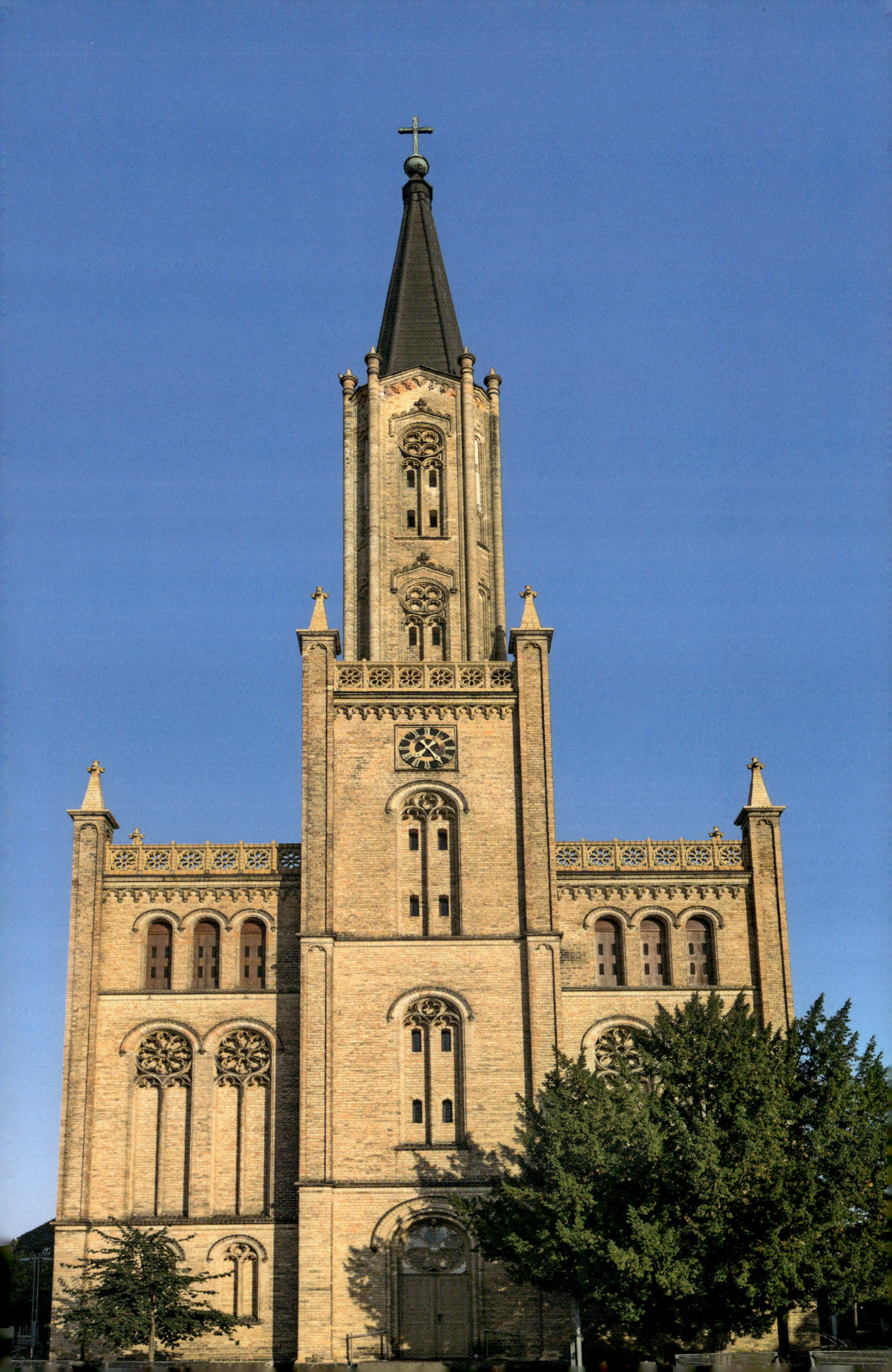

die »Concordia«. Zwar nur ein detailgetreuer Nachbau, aber dafür seetüchtig und motorisiert. Sie legt von Frühjahr bis Herbst zu Gruppenfahrten über die vielen Seen bis nach Himmelpfort oder Lychen ab. Sie hat einen schlanken Rumpf, die Bord- und Bodenplanken sind am Bug und Heck hochgezogen.

## Kaffe – der spitze Schnabel des Kahns

Vorne münden sie in einem spitzen Schnabel – der Kaffe. Daher der Name Kaffenkahn. Sobald der Wind auffrischt, setzen wir das 40 Quadratmeter große, rechteckige Segel! Zuvor aber teilt Wittke, einer der Eigentümer und der Skipper, die Mannschaft am laufenden Gut ein. So wissen wir alle, was wir zu tun haben, und schon nimmt die »Concordia« Fahrt auf. Wasser spritzt am Bug, sie wiegt sich auf den Wellen des Stolpsees und gleitet nur mit der Kraft des Windes dahin! Mit dem Ziel Himmelpfort, einem malerischen Dorf und berühmt durch sein Weihnachtspostamt, folgt der Oldtimer der Havel, durchquert den Baalensee und steuert dann – allerdings mit Motor – auf eine Havelpassage zu, die zu den schönsten Abschnitten des Flusses gehört. Auch Siggelhavel genannt, wegen des dichten Gürtels aus hochwachsendem

Das barocke Schloss Fürstenberg war der Witwensitz der Herzogin Dorothea Sophie von Schleswig-Holstein-Sonderburg-Plön.

Stimmungsvoll geht an der Havel die Sonne unter.

Schilf. Dazwischen gibt es Seerosenfelder, Erlenbruchwälder, kleine Sandstrände und über allem der weite Mecklenburger Himmel. Wir machen gern einen Badestopp in einer der Buchten des Stolpsees, werfen den Anker, und alle springen ins Wasser. Dann geht es wieder weiter unter Segel. Plätschernd zieht die »Concordia« vor dem Wind ihre Bahn bis nach Himmelpfort. Dort heißt es dann Segel runter, und wir alle werden etwas hektisch: Anlegemanöver. Aber alles geht gut und wir besuchen zuerst einmal das Weihnachtspostamt – ein absolutes Muss. Auch die Schleusenbrücke, das zweigeschossige Brauhaus und den Klosterkräutergarten lassen wir uns nicht entgehen, bevor es wieder heißt: »Fertig zum Ablegen!« – zurück nach Fürstenberg.

## TIPPS & INFOS

**GEEIGNET** als Tagestour auch innerhalb eines Mehrtagesurlaubs.

**CHARTERMÖGLICHKEITEN** Gruppen: 15 bis 40 Personen, zwei- bis sechsstündige Fahrten. Anfragen an Kaffenkahn Company Tourismus GmbH, Telefon 0172-322 74 21, www.fuerstenberger-kaffenkahn.de

**ÜBERNACHTEN** fuerstenberg-havel.de

**ANREISE** Stündlich Regionalexpress RE5 von Berlin aus. Haltebahnhöfe Gransee, Fürstenberg/Havel oder Dannenwalde (alle zwei Stunden). Fahrradmitnahme möglich. Busunternehmen: Oberhavel Verkehrsgesellschaft (OVG) mbH, Uckermärkische Verkehrsgesellschaft mbH (UVG) sowie FlixBus. www.bahn.de, www.uvg.de, www.ovg.de, www.flixbus.de

# 18 Am dunkelsten Ort Deutschlands

## Hellauf begeistert im Westhavelland

Im Sternenpark Westhavelland, einem Ort mit besonders geringer Lichtverschmutzung, betrachten wir die Milchstraße in ihrer ursprünglichen Dunkelheit.

Über uns erstreckt sich ein schier unendliches Universum mit unzähligen Sternen. Allein in unserer Milchstraße befinden sich über hundert Milliarden Sterne und vermutlich ebenso viele Planeten. Um die Milchstraße genauer zu betrachten, müssen wir auch nicht extra auf eine einsame Insel reisen, denn das Westhavelland ist eine der wenigen Regionen Deutschlands, die noch einen natürlichen Nachthimmel haben. Das ca. 80 Kilometer westlich von Berlin liegende Gebiet ist dünn besiedelt und durch die geringe künstliche Beleuchtung haben wir einen ungetrübten Blick in den spektakulären Nachthimmel. Hier sind Nächte in ihrer Dunkelheit so ursprünglich erlebbar wie nur noch in wenigen Regionen Europas. Es funkeln tausende Sterne am Firmament, Sternennebel sind mit bloßem Auge erkennbar und das weiße Band der Milchstraße zieht sich gut erkennbar über den gesamten Himmel! Deswegen ernannte die International Dark Sky Association (IDA) den Naturpark Westhavelland zum ersten Sternenpark Deutschlands! Weltweit gibt es übrigens weniger als 30 Regionen, die diese besondere Auszeichnung erhalten haben. Grundsätzlich lassen sich die Sterne im gesamten Naturpark hervorragend beobachten und fotografieren. Besonders geeignet scheint dafür aber die 40 Quadratmeter große Kernzone zwischen Gülpe und Nennhausen zu sein, denn hier ist der Himmel sozusagen noch dunkler. Wer Glück hat, sieht auch die Internationale Raumstation ISS vorbeiziehen.

Rohrdommeln leben meist im Röhricht und sind dort gut getarnt.

Den Blick in den Sternenhimmel über dem Westhavelland trübt wenig bis gar keine irdische Beleuchtung.

Aber auch tagsüber hat der Naturpark einiges zu bieten: Ob mit dem Fahrrad, dem E-Bike, Segway, zu Fuß, mit Stöcken beim Nordic Walking oder mit dem Boot lässt sich das Westhavelland hervorragend erkunden. Dabei ist der Gülper See ein Naturparadies für Wildlife-Fans. Der See ist relativ flach, aber ein bedeutsames Vogelrast- und Brutgebiet.

## Heimat für zahlreiche Vogelarten

An der Südseite des Sees befinden sich zahlreiche Blockhütten. Von ihnen aus beobachten wir gut geschützt die zahlreichen Zugvögel wie Kraniche, Gänse, Enten und Watvögel, die hier eine Rast einlegen. Außerdem nutzen Brutvögel wie die Rohrweihe, Rohrdommel, die Trauer- und die Flussseeschwalbe das geschützte Gebiet rund um den See zum Nisten. Die unmittelbaren Ufergebiete dürfen wir deshalb auch nicht betreten. Ganz in der Nähe vom Gülper See finden wir außerdem eine historische Sehenswürdigkeit: die aus dem Jahr 1773 stammende Bockwindmühle Prietzen. In der Nacht lässt sie sich zusammen mit dem Sternenhimmel super in Szene setzen. Leider können wir sie nicht besichtigen, denn sie ist eine Außenstelle der Ökologischen Station Gülpe der Universität Potsdam. Da es nur wenige Einkehrmöglichkeiten im Naturpark gibt, nehmen wir auf jeden Fall ein paar Snacks und vor allem Getränke mit. Zahlreiche Möglichkeiten für ein Picknick mitten in der Natur finden wir überall. Einer der schönsten Plätze dafür ist direkt an der Havel, aber es gibt

Rund um den Gülper See verläuft ein Naturlehrpfad.

Seit 1961 wird die alte Bockwindmühle in Prietzen von Naturschützern und Ornithologen genutzt.

keinen gekennzeichneten Picknickplatz mit typischen Holztischen- und bänken. Es geht auch ohne – wir brauchen nur eine Decke und lassen uns dann einfach irgendwo am Ufer der Havel nieder. Wer im Havelland aus dem kleinen Ort Rinow Richtung Stölln fährt, sieht übrigens mitten im Nirgendwo eine rot-weiße Passagiermaschine am Fuße des Gollenbergs stehen, denn der älteste Flugplatz der Welt, auf dem Otto Lilienthal 1893 bis 1896 seine Flugforschungen betrieb, befindet sich hier im Naturpark Westhavelland.

## TIPPS & INFOS

**GEEIGNET** als Tages- oder Nachttour auch innerhalb eines Mehrtagesurlaubs.
**STERNENPARK WESTHAVELLAND** frei zugänglich, keine Öffnungszeiten, kein Eintritt, kein spezieller Eingang. Tagesführungen, Sternenwanderungen unter www.sternenpark-westhavelland.de
**LILIENTHAL-CENTRUM STÖLLN** www.otto-lilienthal.de
**ÜBERNACHTEN** Unterkünfte unterstützen Förderverein Sternenpark Westhavelland durch Mitgliedschaft, hervorragende Bedingungen für Sternenfreunde. www.sternenpark-westhavelland.de
**ANREISE** Mehrere Bahnhöfe am Sternenpark. Ausschließlich mit der Ostdeutschen-Eisenbahn-Gesellschaft ODEG. Von Berlin RE2 in Friesack, Neustadt/Dosse und Breddin. RE4 ab Berlin über Nennhausen nach Rathenow. Von Rathenow mit ODEG nach Stendal, nach Brandenburg an der Havel Stopps in Mögelin, Premnitz, Döberitz und Pritzerbe. www.odeg.de

# 19 Mountainbiken und Downhillen im Harz

## Action und Adrenalin

Wir sind da, wo der Flow zu Hause ist, und hier geht es ab! Die Region Wernigerode bietet über 170 Mountainbike-Trails und für den Extra-Kick den Bikepark Bodetal.

Der Harz als nördlichstes Mittelgebirge Deutschlands hat einiges zu bieten: einen Nationalpark mit einzigartiger Naturwildnis, die UNESCO-Weltkulturerbestätte »Bergwerk Rammelsberg, Altstadt von Goslar und Oberharzer Wasserwirtschaft« und das wahrscheinlich schönste Mountainbike-Revier im Norden Deutschlands. Raus aus dem Alltag und rein in den Trail! Uns erwarten wilde Natur, anspruchsvolle Pfade und viel Spaß. Mountainbiker erleben die Landschaft rund um Wernigerode auf besondere Art und Weise. Aber wo fährt man am besten los und wohin? Insgesamt 170 abwechslungsreiche MTB-Touren stehen in der Region Wernigerode zur Auswahl. Aber die besten Trails muss man natürlich erst einmal kennen. Es gibt viel mehr schwere als leichte Touren und bei manchen ist es besser, ein E-Bike zu nutzen. Damit man sich einen ersten Überblick über die zahlreichen Möglichkeiten verschaffen kann, hier einige der schönsten Mountainbike-Touren der Region Wernigerode:

Wer sich erstmal an die Region gewöhnen möchte, der startet mit der »W1 Rund um Wernigerode«. Auf der Tour geht es nach einem längeren Anstieg nach Drei Annen durchs Kalte Tal auch wieder lange bergab. Mit knapp 25 Kilometern, 367 Höhenmetern und zweieinhalb Stunden ist die Tour tech-

Auch für Kinder ist das Bike-Terrain im Harz gut geeignet.

Sonnenuntergang auf dem Brocken im Harzer Nationalpark.

nisch und konditionell einfach und daher auch für Familien geeignet.
Eine der beliebtesten Runden ist die »Kleine Ilsestein-Tour«. Sie führt vom Waldhotel am Ilsestein hinauf zum Ilsestein und von dort zum Gasthaus Plessenburg. Anschließend hinunter zur Ilsetalstraße, die wir dann wieder verlassen, um hinauf zur Stempelsbuche zu fahren. Von dort aus geht es erneut bergab zum Großen Sandtal. Bei unserem kleinen Abstecher übers Kleine Sandtal fahren wir über die ehemalige Bobbahn nach Ilsenburg.

Rathaus von 1420, Marktplatz von Wernigerode in Sachsen-Anhalt

Wernigerode ist einer der Bahnhöfe der traditionellen Harzer Schmalspurbahn.

## Über Stock und über Steine

Die ebenfalls leichte Tour mit 22 Kilometern Länge, 708 Höhenmetern und einer Dauer von zwei Stunden ist aber nicht ohne, da auch längere, schotterreiche Wege zu bewältigen sind. Der »Klippentrail« mit knapp 23 Kilometern beinhaltet spannungsreiche Passagen und lange Schotterstrecken entlang der Ecker. Insgesamt gibt es auf der Tour zahlreiche knackige Single-Trails, und wir brauchen für die mittelschwere Tour eine gute Kondition und Technik. Am Radauer Wasserfall tragen wir kurz unser Rad, da das Stück unwegsam und steil ist. Im Bereich des Wasserfalls müssen wir achtsam sein, denn dort treffen wir auf viele Wanderer! Familienfreundlich ist die 26 Kilometer lange Tour um Wernigerode. Wir fahren dabei durch den Geopark Harz-Braunschweiger Land-Ostfalen, das Laubwaldgebiet zwischen Wernigerode und Blankenburg – ein wichtiger Lebensraum für Fauna und Flora – und durch das Vogelschutzgebiet zwischen Wernigerode und Blankenburg. Nach etwa zweieinhalb Stunden auf überwiegend befestigten Wegen und gut zu bewältigenden Anstiegen sind wir dann wieder in Wernigerode.

Der Brocken ist natürlich die Sehenswürdigkeit in der Region und ein Muss für uns Mountainbiker. Eine interessante Tour auf den Brocken ist die »Brocken – Eckertalsperre Runde von Schierke«. Mit knapp 60 Kilometern, 1390 Höhenmetern und knapp fünf Stunden gehört sie allerdings auch zu den schweren Touren, für die wir eine sehr gute Kondition und fortgeschrittene Fahrtechnik benötigen. Allerdings entschädigt die Tour mit einzigartigen Ausblicken an den Echtalsperren und einem Wurzel-Trail. Ebenfalls eine spannende, aber schwere Tour ist die »Brocken – Trudenstein Runde« von Wernigerode aus mit knapp fünf Stunden, über 56 Kilometern und 1190 Höhenmetern. Dabei erfordern mehrere steile Anstiege sehr gute Kondition und fortgeschrittene Fahrtechnik.

Allerdings ist der Abschnitt, der uns direkt an der ehemaligen Grenze entlangführt, sehr interessant und das Harzpanorama und die schöne Abfahrt entschädigen für die Strapazen. Ein weiteres Highlight mit einer Downhill-Passage ist die »Gasthaus Plessenburg – Downhill Holy Trail Runde« ebenfalls von Wernigerode aus. Mit dreieinhalb Stunden, 35 Kilometern und 880 Höhenmetern denkt man vielleicht, sie ist nicht ganz so schwer, aber das täuscht. Wir benötigen auf jeden Fall eine sehr gute Kondition und Fahrtechnik, kommen an einzigartige Aussichtspunkte und fahren einen tollen Downhill Holy Trail hinunter. Allerdings gibt es auf der Tour auch Abschnitte, auf denen wir nicht fahren können, sondern absteigen und schieben müssen.

Apropos Downhill: Die Fans unter uns bekommen ihren Extra-Kick im Bikepark Bodetal: Hier geht es nur um Action und Adrenalin! Mit dem Sessellift fahren wir mit

*Voll mit Adrenalin, das ein breites Grinsen produziert.*

unserem Bike schnell und bequem auf die Rosstrappe, bevor wir dann über Tables, Doubles und Road Gaps, durch steile Kurven, ein Schlammloch und über eine riesige Fahrradbrücke wieder hinunter ins Tal schießen. Seit 2020 gibt es hier Einsteigerstre-

MAXXIS
onza
onza

Blick vom Schloss der Fürsten von Stolberg-Wernigerode auf die Altstadt

Erschöpft, aber überglücklich und voller Adrenalin endet ein Tag im Bikepark.

cken, die auch für Anfänger eine spannende Sause bieten. Natürlich kann man auch einfach nur zuschauen.

## Gastfreundliche Verkehrsmittel

Übrigens werden wir ganz bequem zu fast allen Start- und Endpunkten unserer Touren in der Region gefahren! Selbst bei der An- und Abreise ohne eigenes Auto geht es in Wernigerode ganz komfortabel und nachhaltig zu. Kein Wunder, dass sich die »Bunte Stadt am Harz« in einer ADAC-Befragung von 2020 zu nachhaltiger Mobilität als Klassenbeste durchgesetzt hat. Dazu gehört unter anderem, dass die Anreise mit Zug, Bus und Bahn möglich ist und wir auch vor Ort viele Alternativen zum Auto nutzen können. So gibt es dort etwa zahlreiche Ladestationen für E-Bikes und E-Roller, und mit der Gästekarte nutzen wir kostenfrei den öffentlichen Nahverkehr, dessen Wartezeiten übrigens extrem kurz sind. So gewährleistet Wernigerode eine lückenlose Reisekette für einen autofreien Urlaub mit Bike.

Aber auch Wernigerode bietet einige Sehenswürdigkeiten, die wir uns auf keinen Fall entgehen lassen sollten, wie die Reste der Stadtbefestigungsanlagen, die Altstadt, das Krummelsche Haus, dessen Front lückenlos mit einer geschnitzten Holzfassade bedeckt ist und natürlich das Schloss Wernigerode. Es thront majestätisch über der Stadt, und in teilweise original eingerichteten Wohnräumen erfahren wir viel Wissenswertes über die 800-jährige Geschichte der Grafen und Fürsten in Wernigerode. Aber auch das Rathaus, das Kleinste Haus, den Wohltäterbrunnen und den Miniaturpark Kleiner Harz sollten wir uns nicht entgehen lassen. Wer die wunderschöne Harzlandschaft und den sagenumwobenen Brocken während einem Bike-Ruhetag entdecken möchte, kombiniert eine Wanderung mit einer historischen Dampflokomotivenfahrt der Harzer Schmalspurbahnen.

## TIPPS & INFOS

**GEEIGNET** als Tagesausflug, Wochenendtrip oder Mehrtagesurlaub.

**BIKE-TOUREN** Spannende Mountainbike-Touren unter www.wernigerode-tourismus.de

**WERNIGERODE** Informationen unter www.wenigerode.de

**ANREISE** Wernigerode erreicht man bequem mit den Zügen der Deutschen Bahn und der ABELLIO Rail Mitteldeutschland GmbH (abellio). Am Hauptbahnhof Wernigerode ist auch der Busbahnhof. Hier kann man täglich mit den Fernbussen MeinFernbus, FlixBus und Berlin Linien Bus anreisen. www.bahn.de, www.flixbus.de

**BIKEPARK** Der Bikepark Bodetal liegt in Thale, 28 Kilometer von Wernigerode entfernt. bikepark-bodetal.de

**ÜBERNACHTEN** Im Erbprinzenpalais erleben wir eine Reise in die Vergangenheit zu Zeiten der Fürstenfamilie zu Stolberg-Wernigerode. Es wird sehr viel Wert auf Nachhaltigkeit gelegt. So kommen die Frühstückseier vom Biobauern, Backwaren vom Wernigeröder Traditionsbetrieb und Spirituosen aus dem Oberharz. www.erbprinzenpalais.de

# 20 Schwimmen wie im Bergsee

## Chlorfrei – mitten in Leipzig

Traumhafter Badeausflug für Familien zu einem schönen und natürlichen Badesee mit allen Annehmlichkeiten eines öffentlichen Schwimmbades.

Zugegeben, in Leipzig mit seinem »Neuseenland« und den vielen verstreuten kleinen bis großen Badeseen ist ein Besuch in einem Freibad erstmal nicht allzu spektakulär. Doch das Öko-Bad Lindenthal ist nicht nur ein weiteres städtisches Freibad. Es macht vielmehr durch sein außergewöhnliches ökologisches Konzept auf sich aufmerksam. So gibt es in diesem Freibad keine klassischen Schwimmbecken. Stattdessen drehen wir unsere Bahnen in einem ökologischen Badeteich mit einer Gesamtwasserfläche von 5160 Quadratmetern. Die Größe des Teiches, der in die Bereiche Nichtschwimmer, Schwimmer und Kinder unterteilt ist, kann ohne Weiteres mit herkömmlichen Freibädern und deren Schwimmbecken mithalten. Aber anstatt Chlor und andere Chemikalien für sauberes Wasser einzusetzen, hält man hier das Wasser auf natürliche Art und Weise sauber. Denn als natürlicher Teich setzt das Bad auf die reinigende Kraft von Pflanzen und Mikroorganismen. Eine neue moderne ökologische Kiesklärung unterstützt den Prozess. Deswegen ist ungefähr die Hälfte der Wasserfläche mit Wasserpflanzen und Seerosen bewachsen, die ein natürliches Biotop am Ufer bilden. Es versteht sich dabei von selbst, dass wir diesen Bereich nicht anschwimmen oder betreten dürfen. Wir sehen Fische, Frösche und sogar ein paar Krebse, die das Dickicht der Wasserpflanzen bewohnen. Das Wasser ist unbeheizt und wir

Vom Völkerschlachtdenkmal aus, für die Einheimischen einfach das »Völki«, kann man die Größe des Waldgebiets rund um Leipzig erahnen.

Leipzig und seine einzigartigen Seen und Schwimmbäder.

fühlen uns augenblicklich wie in einem echten Bergsee. Abhilfe bei kleinem und großem Hunger schafft das griechische Restaurant Poseidon. Wir umrunden den schön gestalteten Teich zu Fuß und lassen vom Steg aus die Beine ins kühle Wasser baumeln – einfach wunderbar.

## Wasser und Wälder satt

Nachdem wir noch nicht genug vom Wasser und auch noch Zeit haben, freuen wir uns über unerwartet grüne Perspektiven bei einer Elektro-Bootsfahrt mit Ranatours vom Stadthafen aus durch den Auwald. Der Leipziger Auwald zieht sich nämlich mitten durch die Stadt und ist eines der größten Auwaldgebiete Mitteleuropas. Als Auwald bezeichnet man übrigens einen Wald, der in Überschwemmungsgebieten von Flüssen zu finden ist. Der Leipziger Auwald liegt im Wesentlichen in der Überschwemmungszone der Elster, Pleiße und der Luppe. Wer dann doch genug vom Wasser hat, spaziert entweder im Küchenholz oder im Rosental auf einem der beiden Naturlehrpfade durch den Auwald und erfährt viel Wissenswertes über Flora und Fauna.

Wir hingegen wollen hoch hinaus und genießen die Aussicht über die Stadt von den Aussichtsplattformen im City-Hochhaus oder im Völkerschlachtdenkmal. Den besten 360-Grad-Panoramablick haben wir allerdings auf 32 Metern Höhe im Gasometer. Für Fußballfans ist die Red Bull Arena sozusagen

Bei prächtigem Wetter zieht es Eis- und Cappuccinohungrige in die Leipziger Cafés.

Der Mensch hat im Auwald oft seinen Einfluss ausgeübt, und doch wirkt er naturbelassen und unberührt.

Pflicht. Zum Staunen, Flanieren und Verweilen lädt zudem die beeindruckende Mädlerpassage mit ihrer einzigartigen Architektur ein. Natürlich besuchen wir dann auch das Alte Rathaus und die Nikolaikirche. Die Feinschmecker unter uns lassen sich die Macis Markthalle in der Markgrafenstraße 10 nicht entgehen. Hier gibt es nämlich Bio-Küche ohne Geheimnisse: Köche kochen live, lassen sich in die Töpfe schauen und persönlich ausfragen! Dazu kaufen wir im Macis Biomarkt, Biorestaurant und in der Pâtisserie gutes Essen und ehrliche Produkte. Unbedingt probieren.

## TIPPS & INFOS

**GEEIGNET** als Halb- oder Tagesausflug.
**ÖKO-BAD** Öffnungszeiten Sommermonate Mo – So 10– 19 Uhr. Bei schlechtem Wetter/Gewitter geschlossen. Letzter Einlass 45 Minuten vor Ende. 2020 Normaltarif 4 EUR, ermäßigt 3,50 EUR. Tarife für Familien, Spätbaden, Zehner- oder Gruppenkarten. www.l.de
**ANREISE** Mit den Bussen 87, 88 (Lindenthaler Hauptstraße), 90 (Lindenthal, Gemeindeamt). www.l.de/verkehrsbetriebe
**MACIS** Teilweise sonntags geöffnet. macis-leipzig.de
**ÜBERNACHTEN** Entweder im Ökogut Mölkau Leipziger Stadtgut mit Hotel, Hostel, Ferienzimmer. Oder im Green Residence als umweltfreundliches Loft. www.bauernhofschule.de, green-residence.de

# 21 Freeclimbing im Elbsandsteingebirge

## Spitzenterrain für Kletterer

In der Sächsischen Schweiz machen wir die ersten Freeclimbing-Versuche, erklimmen einen der 1100 Klettergipfel – und wachsen über uns hinaus.

Die Sächsische Schweiz gehört zum größten Sandsteinvorkommen Europas und ist das deutsche Kletter-Eldorado Nummer eins! Mit bizarren Felsformationen, schwindelerregenden Tiefblicken und einer einzigartigen Naturkulisse herrschen paradiesische Bedingungen fürs Freeclimbing. Übrigens wurde hier vor über 100 Jahren die Idee des »free climbing«, also des Kletterns ohne künstliche Hilfsmittel, geboren. Seit damals wurden über 17 000 Kletterwege auf die etwa 1100 freistehenden und zugelassenen Klettergipfel erschlossen.

Wir haben uns den berühmten »Schusterweg« bei Bad Schandau ausgesucht. Die Route am Falkenstein soll eine der schönsten Klettertouren im Nationalpark sein. Mit 381 Metern ist sie mit einer Schwierigkeit von III bis IV bewertet und gilt als Genusstour für Anfänger. Wir sind allerdings in Begleitung eines erfahrenen Kletterführers.

### Fast senkrecht unterwegs

Eine gewisse Grundkondition, Trittsicherheit und vor allem Schwindelfreiheit müssen wir auf jeden Fall mitbringen. Denn wir klettern immer wieder in luftiger Höhe, über ausgesetzte Grate und in steilen Kaminen

◀ Die zerklüfteten Felswände üben auf Kletterer eine besondere Faszination aus.

▶ Sächsische Schweiz – die Wiege des »Freeclimbing«

direkt neben den Schrammsteinen. Dafür bietet uns die Kletterroute wahrlich atemberaubende Tiefblicke. Der Einstieg des Schusterwegs befindet sich unterhalb des Falkensteins. Dorthin gelangen wir zu Fuß über den Wanderweg vom Wanderparkplatz im Zahnsgrund oberhalb der Schrammsteinbaude in Ostrau, Bad Schandau.

## Zurück in der Horizontalen

Die ersten 25 Meter bis zu einem kleinen Plateau sind relativ leicht. Dort queren wir nach rechts und weiter an der Porzellankante mehr oder weniger senkrecht nach oben. Danach führt der Weg durch einen schrägen Kamin bis – etwa auf halber Höhe – zum Bronzerelief von Oscar Schuster. Übrigens soll die Berührung seiner Nase Glück bringen. Das machen wir natürlich, denn eine Portion Glück ist nie verkehrt. Dann folgt der anspruchsvollste Teil des Schusterwegs: In einem engen Kamin mit nur wenigen Tritthilfen schieben wir uns praktisch nach oben und kraxeln anschließend über den stark ausgesetzten Reitgrat. Hier geht es unter unseren Füßen rund 100 Meter in die Tiefe – aber unser Ziel ist bereits in Sichtweite! Dort angekommen, bietet sich

Über dem Elbtal bei Bad Schandau inszeniert die Sonne einen malerischen Untergang.

Früher galt das enge und abgelegene Schmilka als unattraktiv, heute zählt es zu den schönsten Dörfern Sachsens.

uns ein atemberaubendes Panorama über die Sächsische Schweiz. Das Abseilen ist dann noch einmal Nervenkitzel pur: Aus über 125 Metern Höhe hängen wir an einigen Stellen sogar frei in der Luft. Dank unseres Kletterführers haben wir den Schusterweg am Falkenstein nach drei Stunden gut und sicher gemeistert – und es hat richtig Spaß gemacht.

Die Sächsische Schweiz ist übrigens nicht nur ein Klettergebiet, sondern eignet sich auch perfekt zum Wandern und Radfahren. Das dichte Netz an Wanderwegen ist einzigartig. Aber auch Radtouren sind eine ideale Methode, die Sächsische Schweiz ausgiebig zu erkunden. Wander- und Fahrradmuffel entdecken die Region auf dem Wasserweg, entweder im Kanu oder Paddelboot.

Einen tollen Tagesabschluss finden wir im Bio-Dorf Schmilka bei Bad Schandau. Der Ort setzt zu 100 % auf einen gesunden Lebensstil im Einklang mit der Natur: Angefangen bei Bio-Lebensmitteln, über gesundes Wohnen, eine elektrosmogreduzierte bzw. -freie Wohnumgebung, Kräuter- und Gemüsegärten, Wasserbelebung, Ökostrom, Mülltrennung, Förderung öffentlicher Transportmittel zur $CO_2$-Reduzierung bis zur Verwendung biologisch abbaubarer Reinigungsmittel.

## TIPPS & INFOS

**GEEIGNET** als Tagestour, Wochenendtrip oder Mehrtagesurlaub.

**ELBSANDSTEINGEBIRGE** Die Sächsische Schweiz erstreckt sich über rund 90 Quadratkilometer in Sachsen. Das öffentliche Nahverkehrsnetz im Elbsandsteingebirge ermöglicht Rollstuhlfahrern und Mobilitätseingeschränkten, vor Ort mobil zu sein. www.saechsische-schweiz.de

**ANREISE** Das Elbsandsteingebirge, etwa 30 Kilometer von Dresden und 150 Kilometer von Prag entfernt, ist mit fast jedem Verkehrsmittel bequem und schnell erreichbar. www.bahn.de, www.ovps.de

**KLETTERKURSE** Bei Kletterkursen viel über Natur und Artenvielfalt sowie über die Entstehung des Elbsandsteingebirges lernen. www.rock-trail.de

**KLETTERTOUREN** Tolle Klettertouren von leicht bis schwer findet man unter www.outdooractive.com

**ÜBERNACHTEN** Bio und Nationalparkrefugium, www.winterdorf.schmilka.de

# 22 Unterwegs am Thüringer Meer

## Freizeitmekka Saaletal

Für Wanderer und Wassersportler ist der Naturpark Thüringer Schiefergebirge eine Region mit unzähligen Möglichkeiten. Rund um Deutschlands größten Stausee gibt es bei einem Tagestrip viel Spannendes zu entdecken.

Wasser ist überall: Es gurgelt, es rauscht, es plätschert, es blubbert, es steigt als Dunst auf und es tropft von den Schieferwänden auf den schmalen Wanderpfaden. Hier am größten Stausee Deutschlands, dem Bleilochstausee, sammelt die gestaute Saale mehr als 200 Mio. Kubikmeter Wasser. Aber noch beeindruckender als diese Zahl ist die Landschaft, in die das Wasser eingebettet ist: So schlängelt sich die Saale durch wilde Täler und vorbei an bewaldeten Hängen und bietet dabei einen einzigartigen Lebensraum für viele Tiere. Das Thüringer Meer besticht durch seine idyllischen Buchten, fjordähnlichen Flusslandschaften und emporsteigenden Felswände. Allerdings gehören technische Bauten und betongraue Talsperren genauso zum Bild wie Laub- und Nadelwald, viele Boote, Angler mit Elektrobooten und andere Erholungsuchende. Der Stausee nahe Saalburg ist dabei nur ein kleiner Teil dieses Thüringer Meeres und auch nur ein kleiner Teil des »Naturparks Thüringer Schiefergebirge/Obere Saale«. Am besten starten wir unseren Tagesausflug nach dem Ende der Sommerferien, denn dann kommt die Region spürbar zur Ruhe. Gaststätten und überhaupt die Auswahl an Cafés und Restaurants ist hier sehr überschaubar. Deswegen kommen wir als Selbstversorger voll auf unsere Kosten.

Der bei Schleiz liegende Bleilochstausee im Licht des frühen Morgens.

Im mittelalterlichen Schloss Burgk oberhalb der Saale befindet sich ein Museum für fürstliche Wohnkultur.

Mit der Naturführerin Ilona Herden, die Wanderungen anbietet, suchen wir unsere Verpflegung an diesem Morgen auf dem Pilzerlebnispfad Gräfenwarth: Steinpilze! Wir folgen ihr zunächst auf einem gut ausgebauten Weg, leicht begehbar und im Schatten der Bäume. Über dem Wasser hängt noch der morgendliche Dunst, als wir den Kobersfelsen sehen.

## Am oder auf dem Wasser

Um den Felsen rankt sich eine traurige Sage, in der ein Ritter zu Tode kam und seine Geliebte dann ins Kloster ging. Der Fels selbst ist typisch für die Region aus Schiefergestein. Wir gehen weiter vorbei an der Eisbrücke, einem roten Bauwerk aus Metall, bis wir am Horizont Schloss Burgk sehen. Als früherer Sitz der Fürsten Reuß thront es auf einem Felsen und beherbergt heute in seinen Räumen eine Ausstellung über die früheren Bewohner. Bis zum frühen Mittag finden wir neben einer Handvoll Steinpilze auch einzigartige Aussichten.

Danach entdecken wir die Gegend noch auf dem Wasser. Dazu leihen wir uns im SEZ, dem Seesport- und Erlebnispädagogischen Zentrum, – Achtung: nur auf Vorbestellung – ein Kanu aus. Wenn wir vom Paddeln eine Pause brauchen, legen wir am »Saalburg Beach« an. Dort können wir uns auch ein SUP – Stand Up Paddling Board – ausleihen, Baden gehen, Beach Volleyball und -Soccer spielen oder einfach faul in der Sonne lie-

Windungen der Saale in der Nähe der Hohenwarte-Talsperre.

Anglerglück verspricht der fischreiche Bleilochstausee.

gen. Um noch eine Beilage zu unseren Steinpilzen zu bekommen, versuchen wir es dann auch noch mit Angeln. In der Bleilochtalsperre soll es Zander, Flussbarsch, Hecht, Karpfen, Wels und 32 weitere Fischarten geben. Dazu tauschen wir das Kanu gegen ein Elektroboot und wünschen uns Petri Heil! Übrigens brauchen wir dazu nur einen Vierteljahresfischereischein, den wir auch ohne Prüfung erhalten.

Wer genug Elan übrig hat, der schafft es auch noch auf die bewaldeten Hügel am Ortsrand zu einem einzigartigen Aussichtspunkt: dem Frankenwaldblick. Hier oben lässt es sich bei einem herrlichen Fernblick über Wasser und Wälder durchatmen und entspannen.

## TIPPS & INFOS

**GEEIGNET** als Tagesausflug oder Wochenendtrip.

**SAALBURG-EBERSDORF** Liegt 2,8 Kilometer vom See entfernt. www.saalburg-ebersdorf.de

**ANREISE** Bahnhöfe sind in Bad Lobenstein und Plauen. Busse verkehren regelmäßig zwischen Leiz und Bad Lobenstein. www.bahn.de

**ÜBERNACHTEN** Auf dem Saalburg Beach gibt es Stellplätze für Camper. Das TreibHouse in Bad Lobenstein bietet Übernachtungen in zwei exklusiven Hausbooten. www.saalburg-beach.de, www.treibhouse.eu, www.rennsteigsaaleland.de

**NATURFÜHRER** Pilzerlebnispfad Gräfenwarth. naturkreativ.net

**SEZ** Seesport- und Erlebnispädagogisches Zentrum Kloster. www.sez-kloster.de

**BOOTSVERLEIH** Die Elektroboote für bis zu vier Personen fahren fast geräuschlos. www.bootsverleih-saalburg.de

**VIERTELJAHRESFISCHEREISCHEIN** Der thüringische Touristenfischereischein kostet 19 EUR, von denen 4 EUR auf das amtliche Dokument plus die Informationsbroschüre fallen. www.thüringen.de

# 23 Zauberhafte Welten in Saalfeld

## Unter und über Tage

Eine märchenhafte Reise in die Tropfsteinwelt Feengrotten unter Tage und in die zauberhafte Anderswelt über Tage.

Eine fantastische Welt unter Tage entdeckten Forscher 1913 in dem ehemaligen Bergwerk bei Saalfeld: die Feengrotten. Ursprünglich suchte man eine Heilquelle, doch was man unter Tage erblickte, verzauberte alle: »Eine Welt von gleißenden Farben mit über 100 Brauntönen in verschwenderischer Pracht, die alles erfüllt. Hier kommt die ganze Erhabenheit unberührter Natur zum Ausdruck!« Anders als andere solcher Höhlen entstanden die Feengrotten allerdings nicht auf rein natürlichem Weg, denn bis etwa 1530 wurde hier Alaunschiefer abgebaut. Das daraus gewonnene Salz war damals wichtig für Gerbereien, zur Papierherstellung und es wurde auch als Wundstiller eingesetzt. Mit der chemischen Industrie verlor Alaunschiefer allerdings an Bedeutung, sodass der Abbau um 1850 eingestellt wurde. Der Stollen hat danach niemanden mehr interessiert, er ist dann einfach verfallen. Aber das mineralhaltige Tropf- und Quellwasser schuf in weniger als 300 Jahren eine faszinierende Tropfsteinwelt mit diesen außergewöhnlichen Farben. Dabei ist die Märchengrotte mit der Gralsburg auf der dritten Sohle der älteste und schönste Hohlraum der Feengrotten. Es gibt Führungen durch das Schaubergwerk mit den Grotten, das Grottoneum – ein Mitmach-und-Erlebnis-Museum – und das Feenweltchen, den Abenteuerwald der Feengrotten und eine Fantasielandschaft mit Unterhaltung und Spaß für Kinder. Wir

Das Rathaus am Marktplatz in Saalfeld stammt aus der Frührenaissance.

Das Schwarzatal im Thüringer Wald ist ein herrliches Naturidyll.

lassen uns bei einer Führung mit klassischen Gesangsdarbietungen, die die faszinierende Untertagewelt mit zauberhaften Klängen erfüllen, verzaubern. Oder schöpfen Kraft im Heilstollen. Durch die absolut reine Luft unter Tage verbessert sich bereits bei einer zweistündigen Heilstolleninhalation die Atemfunktion und das Immunsystem wird gestärkt. Zudem wirkt ein Aufenthalt in der Stille und Dunkelheit des Bergwerkes wie eine Pause vom Alltag und für die Sinne.

Im sogenannten Märchendom spiegeln sich die mehrfarbigen Tropfsteine im Wasser.

Bad Blankenburg, der hübsche thüringische Kurort, liegt gleich um die Ecke.

## Bewegung an der frischen Luft

Wer nicht den ganzen Tag in der Erlebniswelt Feengrotten verbringen möchte, begeht Saalfeld auf dem historischen Rundweg. Dabei entdecken wir sowohl digital als auch aktiv über 1100 Jahre Stadtgeschichte und besuchen unter anderem das Stadtmuseum, die Johanneskirche oder das Darrtor. Wer lieber kräftig in die Pedale tritt, fährt eine Mountainbike-Tour auf dem Feen-Bike-Paradies Saalfeld. Gemütlicher geht es aber auch mit dem Fahrrad oder E-Bike auf der ca. 25 Kilometer langen Bergbau-Radroute. Wenn wir doch mal länger unterwegs sein sollten, nehmen wir die Busse der KomBus GmbH, die zu den Ausgangspunkten der schönsten Radtouren der Umgebung fahren und unser Fahrrad mitnehmen. Natürlich können wir hier auch ein Fahrrad mieten. Ein Abenteuer der anderen Art erleben wir mit dem Segway. Bei geführten Touren zwischen zwei und fünf Stunden entdecken wir die interessante Architektur und Geschichte der Städte Saalfeld, Rudolstadt und Bad Blankenburg sowie die malerische Natur des Schwarzatales. Wer lieber zu Fuß unterwegs ist, wandert zur Teufelsbrücke auf dem Gleitsch oder ist dem Eisenbergbau auf der Spur. Bei einer Kanutour auf der Saale hingegen nehmen wir die Natur und Umwelt anders wahr, entspannen, lassen die Gedanken treiben und tanken neue Kräfte.

## TIPPS & INFOS

**GEEIGNET** als Tagestour und Wochenendtrip.
**FEENGROTTEN** Die Erlebniswelt ist ganzjährig geöffnet. Tickets für Erlebniswelt oder nur Feengrotte oder nur Feenweltchen. Preise 10 – 19 EUR für Erwachsene, 14 EUR für Kinder ab vier Jahren. www.feengrotten.de
**ANREISE** Saalfeld per Bahn oder Flixbus. www.bahn.de, www.flixbus.de. Mit dem Stadtbus Richtung Bahnhof – Feengrotten, Linie A täglich halbstündlich um xx.10 und xx.40 Uhr ab Bahnhof, xx.14 und xx.44 ab Markt. Erste Fahrt 07.40 Uhr, letzte Fahrt 17.40 Uhr ab Bahnhof/ 17.44 Uhr ab Markt. www.saalfeld-tourismus.de
**MOUNTAINBIKE** Rad, Segway, Wasser, Wandertouren, www.saalfeld-tourismus.de
**SAALFELD** www.saalfeld-tourismus.de

Tief im berühmt-berüchtigten Spessartwald

# Der Westen

## Freiheit, Natur und Bewegung

117

# 24 Cloefhänger an der Saarschleife

## Unterkunft der etwas anderen Art

Wir übernachten in luftiger Höhe zwischen Himmel und Erde mit einer spektakulären Aussicht aufs Flusstal.

Wer schon immer mal eine Nacht zwischen Himmel und Erde verbringen wollte, macht sich am besten auf den Weg in den Naturpark Saar-Hunsrück. In der Nähe des Naturschutzgebietes Steinbachtal westlich der Saarschleife lassen »Cloefhänger« diesen Traum wahr werden: Wir schlafen in zwei bis drei Metern Höhe, direkt an der Kante der Saarsteilhänge in hängenden Zelten!
Die »Cloef« selbst ist der felsige Aussichtspunkt im Scheitel der Saarschleife, wo eine vorspringende Felsformation aus Taunusquarzit sich bis zur Saar hinabzieht. Woher

der Name Cloef kommt, weiß man nicht. Es gibt verschiedene Meinungen und eine davon geht auf das mundartlich ausgesprochene Wort »Chef« zurück. Es kommt aus dem Niederdeutschen und bedeutet so viel wie »Klippe« – was ja gut passt. Um zum Cloef zu gelangen, gehen wir aber erstmal 300 Meter zu Fuß nach oben. Zur Belohnung gibt es dann einen atemberaubenden Ausblick. Nach den wichtigen Sicherheitseinweisungen befestigen wir die Schwebezelte für die außergewöhnliche Übernachtung in den Bäumen. Danach machen wir Feuer, rücken zusammen, grillen, erzählen Geschichten und erleben die besondere Atmosphäre in der Dunkelheit unter freiem Himmel. Wenn die Augenlider schwer werden, krabbeln wir über eine Strickleiter in den Cloefhänger. Maximal zwei Personen finden darin Platz. Vor der Nachtruhe heißt es aber unbedingt einen letzten Blick Richtung Sternenhimmel oder

Spiegelglatt und gemächlich m äandert die Saar bei Orscholz.

Bei gutem Wetter reicht die Sicht vom Turm des Baumwipfelpfads bis über die Grenze in die Vogesen.

über die Lichter des Tals werfen – und sich dann sanft in den Schlaf wiegen lassen.

## Wanderwege hoch über dem Fluss

Wenn wir am nächsten Morgen erwachen, fühlen wir uns buchstäblich wie im Himmel, und sobald die Sonne ihren Weg durch den Nebel findet, wartet im Naturpark ein neuer Tag voller Möglichkeiten! Wer noch Zeit hat, erkundet auf dem Baumwipfelpfad den Naturpark. Auf bis zu 23 Metern Höhe windet sich dieser Pfad auf einer Strecke von 1250 Metern zwischen Eichen, Buchen und Fichten in Richtung Saarschleife. An Lern- und Erlebnisstationen gibt es Verschnaufpausen und Wissenswertes. Ansonsten locken zahlreiche Wanderwege. Einer davon ist der anspruchsvolle »Traumschleife Cloefpfad«. Auf schmalen Wegen und Pfaden gehen wir hier abenteuerlich durch einen Steilhang, der Trittsicherheit und Kondition verlangt. Herrliche Aussichten, Felsen und das wunderbare Steinbachtal lassen dabei keinerlei Wünsche offen. Wer es etwas gemütlicher mag, der nimmt die Rundtour »Traumschleifchen Weitblick«, »Traumschleifchen Überblick« oder die »Traumschleife zur Burg Montclair«. Wer Wandern und Genuss verbinden möchte, wählt eine sogenannte Tafeltour. Das sind ausgewählte Rundwanderungen, die neben abwechslungsreicher Natur auch die Möglichkeit zur genussreichen Einkehr bieten. Die Wege der Tafeltouren sind durchgehend mit einer

Der Aussichtspunkt Cloef erhebt sich unweit des Baumwipfelpfads 180 Meter über der Saar.

Blick auf die Saarschleife vom Aussichtspunkt Cloef bei Orscholz

Kochmütze ausgeschildert, so wie die »Traumschleife Saarschleife-Tafeltour«, bei der wir sogar eine kurze Überfahrt mit einer Saarfähre machen. Wer sehr viel Zeit mitbringt, folgt Deutschlands schönstem Fernwanderweg auf verschlungenen Pfaden durch romantische Bachtäler und geheimnisvolle Wälder, über steile Felsen und sonnige Streuobstwiesen: Der 410 Kilometer lange Saar-Hunsrück-Steig ist dabei in 27 Etappen mit mehr als 70 % Naturwegen aufgeteilt. Die zweite Etappe Hellendorf – Tünsdorf – Orscholz – Mettlach mit 17,1 Kilometer führt direkt am »Cloef-Atrium« vorbei.

## TIPPS & INFOS

**GEEIGNET** als Tagesausflug, Wochenendtrip oder Mehrtagesurlaub.
**ANREISE** Hauptbahnhof Mettlach mit der Buslinie 207 oder 225 bis Haltestelle Cloef Mettlach-Orscholz. Fahrzeit ca. 10 Minuten. Fußweg ca. 20 Minuten. www.bahn.de
**CLOEFHÄNGER** www.cloefhaenger.com
**BAUMWIPFELPAD** www.baumwipfelpfade.de
**WANDERTOUREN** Wandertouren und Traumschleifchen unter www.touren.saarland
**SAAR-HUNSRÜCK-STEIG** Etappen unter www.saar-hunsrueck-steig.de
**BUS** Mit der Saarland Card saarlandweit kostenloser ÖPNV. 1. Aug. bis einschließlich 4. Okt. »Saarschleifenbus« (Rad- und Wanderbus) vier Mal am Tag durch das Saarschleifenland. Von Merzig, Mettlach oder Nennig zur Saarschleife Orscholz. Buslinie 225 transportiert dabei 22 Fahrräder. www.urlaub.saarland
**ÜBERNACHTUNGEN** Siehe Reiseidee 21.

# 25 In Saarlands Naturjuwel Bliesgau

## Floßbauseminar mit Waldkunde

Mit Drummsäge und Schäleisen bauen wir ein Floß, befahren damit den Würzbacher Weiher und lernen mehr über nachhaltige Forstwirtschaft.

In der südöstlichsten Ecke des Saarlandes, an der Grenze zu Frankreich, versteckt sich ein weiteres Naturjuwel: das UNESCO-Biosphärenreservat Bliesgau. Hier finden wir wertvolle Streuobstbestände, artenreiche Wiesen und Wälder sowie eine von der Blies durchzogene Auenlandschaft. Wir erleben einen einzigartigen Lebensraum für viele seltene Pflanzen- und Tierarten sowie viel Sensibilität im Umgang mit der Natur. Ein Highlight ist das spannende Floßbauseminar, in dem wir nicht nur ein Floß anfertigen, sondern auch viel Wissenswertes über nachhaltige Forstwirtschaft erfahren. Unter Anleitung eines Försters, ganz in der Tradition der saarländischen Holzflößer, fällen wir einen Baum, befreien ihn von den Ästen und bauen es mit Seilen und Holzschrauben zusammen, um dann auf dem Würzbacher Weiher zu schippern. Zum Ausgleich für die Holzernte pflanzen wir übrigens gleich einen neuen Baum. Und eins kann man vorab verraten: Nicht nur das Hantieren mit den Werkzeugen Drummsäge und Schäleisen ist bei dem zweitägigen Workshop eine echte Herausforderung! Beim »WaldWerken« stellt man aus heimischen Hölzern einen Wildholzstuhl, eine Abziehbank, ein Messer oder andere Alltagsgegenstände her.

Paddelabenteuer im Kanu anstatt auf einem Floß erleben wir bei Kanukursen für Einstei-

Der etwa 4000 Jahre alte und 6, 58 Meter hohe Gollenstein bei Blieskastel gilt als größter Menhir in Mitteleuropa.

Blick nach Biesingen, einem Ortsteil von Blieskastel, mit der St.-Anna-Kirche.

ger und Fortgeschrittene. Wer lieber Land unter seinen Füßen spürt, ist bei Premium-, Themenwanderungen und beim Pilgern gut aufgehoben – oder hängt einfach mal auf einer Wanderung mit Hängematte ab. Die Leckermäuler unter uns verbinden die Wanderung gleich mit einem kulinarischen Rundgang und »erschmecken« die Landschaft und regionale Spezialitäten.

## Flora, Fauna und Kultur der Region

Die meisten der angebotenen Wanderungen lassen sich ganz klimafreundlich mit dem Biosphärenbus erreichen. Wem es zu Fuß zu langsam vorwärts geht, der entdeckt die vielfältige Landschaft und den Saarpfalzkreis mit dem »Drahtesel«. Sanfte Anstiege und sehr flache Landschaftsabschnitte machen jede Tour zu einem tollen Radel-Erlebnis. Dabei wählen wir zwischen deutsch-französischen Radwegen, Touren mit Kindern und Rennrad, E-Bike- oder Mountainbike-Touren als Ganztages- oder Halbtagestour. Aber egal ob als Wanderung, Spaziergang, auf dem Wasser oder mit dem Rad – alle Touren haben eins gemeinsam: Wir entdecken viel Neues und Einzigartiges.
So wie das Orchideengebiet in Gersheim, diverse Barockgärten, Bauern- oder Blumengärten, unzählige Weiher, den Gollenstein und »Großen Stiefel«, die Schlossberghöhlen bei Homburg oder das Biotop Beeden. Wir halten am besten immer Ausschau nach

Die Schlossberghöhlen in Homburg entstanden durch den Abbau des Buntsandsteins.

Die Blies, ein Nebenfluss der Saar, bietet Weißstörchen und anderen Tieren einen idealen Lebensraum.

besonderen Tieren wie Biber, Eisvogel, Europäische Gottesanbeterin, Rotmilan, Steinkauz, Weißstorch – und vielen mehr. Aber auch Kulturbegeisterte kommen hier zum Zug! Dabei erleben wir bei Führungen eine Zeitreise beginnend in der Steinzeit mit imposanten Menhiren über die interessante Geschichte der Kelten und Römer und einem Zwischenstopp bei den alten Rittersleuten bis hin in die Neuzeit mit barocken Kleinoden und spannenden Einblicken in die harte Arbeit der Bergleute.

## TIPPS & INFOS

**GEEIGNET** als Tagesausflug, Wochenendtrip oder Mehrtagesurlaub.
**BIOSPHÄRENRESERVAT** Anmeldung und Infos Floßbauseminar unter www.biosphaere-bliesgau.eu
**ÜBERNACHTEN** Glamping Resort in romantischen (Holz-)Zelten. Landgasthaus Wintringer Hof mit umweltfreundlicher Unterkunft und regionalen Bio-Produkten. Biohotel Madeleine im Stadtzentrum von Saarbrücken mit Bio-Frühstücks-Buffet, das Hotel legt großen Wert auf Nachhaltigkeit. www.glamping-resorts.de, www.landgasthaus.saarland, www.hotel-madeleine.de
**ANREISE** Verbindung durch zwei Regionalbahn- und eine Stadtbahnstrecke an die umliegenden Städte Homburg, Saarbrücken, St. Ingbert und Zweibrücken. »Biosphärenbus« verbindet Städte und Ausgangspunkte für Freizeitaktivitäten. www.biosphaere-bliesgau.eu

# 26 Mit Esel durch den Pfälzerwald

## Trekking im Biosphärenreservat

Wir schließen Freundschaft mit einem Esel, während wir die Naturschönheiten des Biosphärenreservats Pfälzerwald-Nordvogesen durchstreifen.

Für alle, die etwas ganz Besonderes erleben möchten, ist eine Trekkingtour mit Eseln ein außergewöhnliches Abenteuer. Vor allem Familien mit Kindern haben viel Spaß an der Tour durch die Natur des Biosphärenreservats Pfälzerwald-Nordvogesen mit den liebenswerten Tieren: im Schatten des Waldes vorbei an romantischen Burgen und schroffen Felsmassiven, an denen liebliche Wiesenlandschaften, Seen und Bäche zum Innehalten einladen. Die Tour dauert sieben Tage. Während dieser Zeit zelten wir nur auf im Wald gelegenen Wiesen und nutzen alle Gelegenheiten zur Körperhygiene – beispielsweise einen See oder Bach. Oder bauen eine Walddusche, die ebenfalls bestens funktioniert. Die Esel sind sehr geduldige und folgsame Begleiter, die bis 13 Kilogramm Gepäck und den Proviant tragen. Fünf Kilogramm tragen wir allerdings selber. Am ersten Tag, bevor es in Bad Bergzabern losgeht, bekommen wir zuerst eine Einweisung. Jedem von uns wird ein Grautier zugeteilt, um das wir uns dann während der gesamten Zeit liebevoll kümmern. Nach den Informationen zum Eselputzen, -bepacken und -führen satteln wir das Gepäck korrekt auf. Denn bei täglich acht bis elf Kilometern mit maximal 400 Höhenmetern und ca. fünf Stunden Gehzeit sollten sich Mensch und Tier wohlfühlen. Schon nach kurzer Zeit wächst das Vertrauen des Esels zu uns, den Führern, und er folgt uns sehr gerne. So gegen 10 Uhr morgens gehen wir meistens los. Zur Mittagszeit, bei Sehenswürdigkeiten

Die aufwendig verzierte Fassade des Gasthauses Zum Engel in Bad Bergzabern

Der Abschied von den geliebten störrischen Vierbeinern nach dem Trekking fällt besonders schwer.

bula

und atemberaubenden Aussichten machen wir dann eine längere Pause.

## Esel haben ihren eigenen Kopf

Nachdem des Esels Lieblingsbeschäftigung das Fressen ist, gönnen wir unseren Trekkingbegleitern genügend Pausen, die wir dann auch gleich als Badestopp, zum Planschen oder Faulenzen nutzen. Unterwegs sollen wir die Tiere allerdings nicht grasen lassen, denn sonst steht unsere ganze Karawane erstmal still. Abends sucht unser Guide den Lagerplatz aus. Dort angekommen, gibt es natürlich einiges zu erledigen: Pferchbau, Zelte aufstellen, Eselpflege und Kochen. Erst danach beginnt der gemütliche Teil des Abends, vielleicht bei einem Gläschen Wein und einem atemberaubenden Sonnenuntergang. Während der Trekkingtour ist es wichtig, sich auf das Tempo der Esel einzulassen, denn manchmal haben sie wirklich einen Dickkopf – und das heißt: Entschleunigung ist angesagt. Etwas, was in unserer hektischen Zeit fast schon Luxus ist. So kann es vorkommen, dass wir Feldwege und Streuobstwiesen gefühlt in Zeitlupe überqueren. Aber die innere Ruhe finden und der Natur wieder näherkommen ist vielen Menschen sehr wichtig geworden. Da hilft uns das sanfte Wesen der Esel, den Alltagsstress zu vergessen.

Wer Abenteuer, Wildnis und Abgeschiedenheit sucht, aber nicht mit Eseln wandern möchte, der findet im Biosphärenreservat

Das hübsche Städtchen Bad Bergzabern liegt mitten im Naturpark Pfälzerwald.

Der Frühling beginnt in der Pfalz mit der Mandelblüte viel früher als im restlichen Deutschland.

Pfälzerwald 13 offizielle Trekkingplätze. Alle sind miteinander verbunden, und auf allen Plätzen, die zwischen der Burgruine Guttenberg an der Grenze zu Frankreich im Süden und dem Donnersberg im Norden liegen, ist das Übernachten im eigenen Zelt erlaubt. Im Umkreis finden wir außerdem viele Sehenswürdigkeiten, wie beispielsweise die Ruine Guttenberg, den Steinernen Tisch im Wald – eine imposante Felsformation – oder den tollen Ausblick vom Hohen Derst, nicht weit vom Stäffelsbergturm entfernt.

## TIPPS & INFOS

**GEEIGNET** als Tages- Zweitagestour und Mehrtagesurlaub

**ESELTREKKING** Termine, Anforderungen, Leistungen und Möglichkeit für eine eintägige Packeselwanderung oder zweitäge Eseltour unter www.naturundfreizeit.eu

**PREISE** Erwachsene, Familien mit Kindern ab zehn Jahren für Organisation, Führung sowie Esel mit Tragegestelle und Packtaschen sieben Tage 440 EUR. Teilnehmer benötigen Campingausrüstung. Kann vor Ort gemietet werden. Ein Teil der Einnahmen wird für Organisationen, die sich für in Not geratene Esel einsetzen, gespendet. www.naturundfreizeit.eu

**ANREISE** Bahnhof Bad Bergzabern oder Fernverkehrsbahnhöfe Neustadt und Karlsruhe, stündlich bzw. halbstündlich verkehrende Regionalzüge. www.bahn.de

**ÜBERNACHTUNGEN** Falls man am Vortag anreist, findet man Übernachtungsmöglichkeiten unter www.pfaelzerwald.de

**TREKKING** Biosphärenreservat Pfälzerwald. www.pfaelzerwald.de

# 27 Pflücken erlaubt in Andernach

## Ungewöhnlicher Stadtrundgang

In der essbaren Stadt Andernach mit ihrem Geysir erleben wir städtisches Grün, aber nicht nur fürs Auge, sondern auch als Duft und Geschmack.

Mitten im Stadtzentrum oder vor der alten Schlossmauer finden wir alles, was zu Hause auf den Tisch kommt: Gemüsesorten wie Bohnen, Zucchini, Möhren und Salate sowie Zwiebeln, Obst- und Beerensorten, Spaliergehölze oder Küchenkräuter – alles frisch und in Bio-Qualität. Dabei gehört dieser Garten nicht einer einzelnen Person, sondern der Stadt Andernach und hier heißt es: Pflücken ausdrücklich erlaubt! Wo früher nur Efeu wuchs, da wächst heute Leckeres und jeder Bürger darf einfach ernten. Nach anfänglichem Zögern gehört die Selbstbedienung mittlerweile auf öffentlichen Flächen zum Leben in Andernach dazu. Denn hier stehen vor allem Nachhaltigkeit, Biodiversität und eine urbane Landwirtschaft im Mittelpunkt – insbesondere regionale und seltene Sorten werden gefördert. Aber die Stadt im Norden des romantischen Mittelrheintals, wo Rhein und Eifel aufeinandertreffen, beeindruckt zudem mit einer über 2000-jährigen Geschichte und einem spektakulären Naturschauspiel: dem höchsten Kaltwassergeysir der Welt!

Aber erstmal der Reihe nach. Am besten beginnen wir unsere historische Reise in der Altstadt von Andernach. Der Rundgang führt entlang zahlreicher Sehenswürdigkeiten: die Burgruine mit dem Schlossgarten, das Koblenzer Tor, das Bollwerk, der Mariendom, der Alte Krahnen, die mittelalterliche Mikwe, die gut erhaltene Stadtmauer, das

Die Ruine der ehemaligen Kurfürstlichen Burg in Andernach

Himbeeren zu ernten macht Spaß, und schmecken tun sie natürlich auch.

Rheintor, der Hellwartsturm oder der historische Garten. Auf der Erkundungstour besuchen wir aber auch die Christuskirche, das Stadtmuseum, das historische Rathaus und die Hospitalkirche. Natürlich lernen wir während des Besuchs in Andernach die Geschichte der berühmten Bäckerjungen Fränzje und Döres kennen und bedienen uns an den öffentlichen Grünanlagen der essbaren Stadt.

## Höchster Kaltwassergeysir der Erde

Wer möchte, nimmt an einer Stadtführung teil – auch Kinderführungen werden angeboten. Danach machen wir uns auf den Weg zum Geysir-Erlebniszentrum. Hier erfahren wir alles über das Naturphänomen. Durch interaktive Exponate, Experimentierstationen und Medieninstallationen erleben wir das naturwissenschaftliche Wunder mit

Geologische Störungen, verursacht durch eine frühere Vulkanaktivität der Region, ermöglichen das Phänomen Kaltwassergeysir.

Der hübsche Marktplatz in Andernach ist die gute Stube der Stadt.

allen Sinnen, bevor wir wortwörtlich 4000 Meter unter die Erde fahren und ein $CO_2$-Molekül vulkanischen Ursprungs auf seinem Weg aus der Magmakammer an die Erdoberfläche begleiten. Danach geht es bei einer entspannten Schifffahrt auf dem Rhein zur Rheinhalbinsel und zum Naturschutzgebiet »Namedyer Werth«, um dort den Ausbruch des mit bis zu 60 Metern welthöchsten Kaltwassergeysirs mitzuerleben. Wenn wir am ersten Samstag im August in der Stadt sind, besuchen wir auch noch das Fest der 1000 Lichter. Bei diesem schillernden Event stehen ein funkelnder

Lichterteppich und die Bäckerjungenstadt im Mittelpunkt. Dabei trifft das Wort »Rheinromantik« die Atmosphäre in Andernach wohl am besten: Immerhin erstrahlen beim Fest der 1000 Lichter die Rheinanlagen an der Konrad-Adenauer-Allee in hellem Glanz und verzaubern so die ganze Stadt. Krönender Abschluss des zweitägigen Festes ist das spektakuläre Feuerwerk. Die explodierenden Raketen malen dabei wunderschöne Bilder an den nächtlichen Himmel.

Wem das zu viel Trubel ist, der sucht sich zur Entspannung einen der Traumpfade, einen Rheinburgenweg oder einen lokalen Wanderweg am romantischen Rhein oder entdeckt Andernach und Umgebung per Fahrrad.

## TIPPS & INFOS

**GEEIGNET** als Wochenendtrip und Mehrtagesurlaub.

**GEYSIR** Öffnungszeiten unterschiedlich, am besten vorab auf der Webseite checken. Zu erreichen ab Bahnhof zu Fuß bis zur Konrad-Adenauer-Allee, zehn Minuten Fußweg. www.geysir-andernach.de

**ANDERNACH** www.andernach-tourismus.de

**ANREISE** Mit dem Fahrrad am Rhein-Radweg. Mit der Bahn bis Bahnhof Andernach. www.bahn.de, www.andernach-tourismus.de

**ÜBERNACHTEN** Im baubiologischen Holderbergerhof, Koblenz. Hotel zum Anker, Andernach (kein Öko oder Bio) legt Wert auf Regionalität. holderbergerhof.net, hotel-zum-anker-andernach.de

# 28 Schwimmen in den Vulkanseen der Eifel

## Maare und Berge

Baden in einem Vulkansee in der Eifel ist ein einmaliges Naturerlebnis und ein ganz besonderes Badevergnügen.

Vor rund 10 000 Jahren hat es in der Eifel mächtig gekracht. Auf knapp 50 Kilometern Länge beweisen rund 350 Vulkane die explosive Entstehungsgeschichte des Westeifler Vulkanfelds. Gewaltige Explosionen und Feuer aus dem Inneren der Erde haben Löcher in die Erde gesprengt und Berge aufgetürmt. Immerhin 75 Maare wurden bislang von Wissenschaftlern in der Vulkaneifel gezählt, von denen das Eckfelder Maar – in dem das berühmte Urpferdchen gefunden wurde – mit rund 44 Millionen Jahren das Älteste ist. Allerdings sind die meisten davon verlandet. Die bekanntesten Löcher sind die insgesamt zwölf Maare, die sich mit Wasser gefüllt haben. Sie verströmen eine ganz besondere Atmosphäre und in einigen dürfen wir sogar baden. Dort stehen wir am Ufer, das Wasser glitzert einladend und wir können es kaum erwarten, ins frische Nass einzutauchen. Es ist kaum zu glauben, dass wir mitten in einem vulkanischen See schwimmen!

Die Dauner Maare und der Vulkankomplex Mosenberg/Meerfelder Maar erhielten dabei einen besonderen Status: Sie gehören zu Deutschlands bedeutendsten Geotopen. Das sind erdgeschichtliche Bildungen der unbelebten Natur, die Erkenntnisse über die Entwicklung der Erde und des Lebens vermitteln. Ein Maarsee ist beispielsweise das Gemündener Maar. Es ist das nördlichste der drei Dauner Maare, in dem wir in dem kristallklaren blauen Wasser schwimmen, angeln und Boot fahren dürfen. Und wer

Die Lava, die einst im Wald der Vulkaneifel floß, ist heute versteinert.

Vom östlichen Maar des ursprünglichen Doppelmaars bei Schalkenmehren ist nichts mehr übrig, es wurde im Lauf der Zeit mit Tuff aufgefüllt.

Sprung-Kicks liebt, kann sich hier richtig austoben. Das Pulvermaar ist das tiefste Maar und neben den Voralpenseen und dem Bodensee mit 72 Metern auch der tiefste natürliche See Deutschlands. Vom drei Meter hohen Sprungturm können wir den Grund des Sees nur erahnen, obwohl das Wasser glasklar ist.

## Einzigartige Badeerlebnisse

Auch hier erleben wir das einzigartige Gefühl beim Schwimmen, Angeln oder bei einer romantischen Bootsfahrt mit Ruder-, Tret- oder Paddelbooten. Baden, Angeln und viel Natur erleben wir im größten Vulkantrichter, dem Meerfelder Maar. Mit einem Durchmesser von etwa eineinhalb Kilometern bietet es zudem zahlreichen seltenen Wasservögeln und Pflanzenarten eine Heimat. Von der Aussichtsplattform »Landesblick« oberhalb des Maaresees hat man eine fantastische Aussicht. In der Kraterebene liegt auch das malerische Dorf Meerfeld mit gemütlichen Einkehrmöglichkeiten. Am Doppelmaar Schalkenmehrener Maar, dem größten der drei Maare, liegt der Erholungsort Schalkenmehren – Kleinod auch für Naturliebhaber und Kulturwanderer. Hier können wir beim Segeln, Schwimmen, Angeln oder bei einer Bootstour das wunderbar glitzernde Wasser genießen. Cafés und Restaurants laden uns außerdem zum Verweilen ein. Der See wirkt riesig, ist aber beinahe ebenerdig zu umwandern! Eigentlich lädt fast jedes Maar zu einer

Das Gemündener Maar ist das kleinste der drei Dauner Maare.

Besonders tief hinunter (72 Meter) geht es im kreisrunden Pulvermaar.

Umrundung ein. Auf den traumhaften Wegen rund um die tollen Gewässer spüren wir regelrecht die Lebenskraft der Eifel. Wer noch mehr Adrenalin und Action benötigt, der ist auf dem Trailpark Vulkaneifel mit über 750 Kilometern Strecke bestens aufgeboben. Hier beschleunigt der Puls und die Muskeln brennen, wenn wir auf dem Mountainbike die Strecke an uralten Maaren, tiefblauen Vulkanseen und grünen Wäldern entlang spurten. Für Mountainbike-Fans sind diese Naturwege der Vulkaneifel ein unvergessliches Erlebnis.

## TIPPS & INFOS

**GEEIGNET** als Tagesausflug, Wochenendtrip und Mehrtagesurlaub.
**MAARE** Öffnungszeiten zwischen Mai bis September/Oktober, tgl. 10 bis max. 19 Uhr. Eintrittspreise sind unterschiedlich. www.eifel.info
**MOUNTAINBIKE-TRAILS** www.vulkan.bike
**ÜBERNACHTEN** Hotel NaturPur verpflichtet sich gegenüber der Region. VulkanHotel balance selfness mit Basenfasten-Tagen. Der Pulvermaar Campingplatz in einmalig schöner Lage direkt am Kraterrand. www.naturpurhotel.de, www.balance-hotel-eifel.de, www.pulvermaarcamping.de
**ANREISE** Bahnstrecke Köln – Trier Haltestellen Gerolstein und Jünkerath. Mit dem Bus aus Daun, Gerolstein und Ulmen. Gemündener Maar am Bushalt »Maarstraße«, Buslinie 300 Wittlich (IC-Halt)-Daun. Buslinie 500 Gerolstein-Cochem Bushalt »Weinfelder Maar«, Mehren Bus 503 aus Daun. www.bahn.de, www.vrn.de, www.eifel.info

# 29 Eintauchen im Schieferbergwerk in Nuttlar

## Eng, skurril und irgendwie gruselig

Wir begeben uns in eine faszinierende Welt unter der Erde aus einer längst vergangenen Zeit.

Das Schieferbergwerk Nuttlar ist anders: authentisch, spannend, einzigartig! Das ist nicht nur eine Floskel von der Webseite, denn in dieses Bergwerk wird nicht nur »eingefahren« – wie die Bergleute sagen –, sondern wir tauchen auf verschiedenste Art und Weise richtig ein. Während einer Führung suchen wir vergebens nach geschotterten Wegen, betonierten Stufen oder elektrischem Licht. Ausgerüstet mit Bergwerkshelm und Profi-Helmlampe gehen wir in kleinen Gruppen über den Kaiser-Wilhelm-Stollen tief in den Berg hinein: vorbei an unterirdischen Seen, riesigen Hallen, die wie Kathedralen aussehen, über Schiefertreppen und durch schmale hohe Gänge hin zu den Förderstrecken, auf denen sich die Schienen kilometerweit durch den Berg winden. Bei der Einfahrt wird uns plötzlich kalt und es wird dunkel – unsere Stirnlampen sind die einzigen Lichtquellen. Wie das wohl vor 200 Jahren war? Unter Tage hatten Bergleute nur sogenannte Karbidlampen, ein ziemlich kostbares Gut in diesen tiefen, dunklen Stollen. Im Licht unserer voll aufgeladenen Stirnlampen hingegen erkennen wir endlose, unbeschreiblich beeindruckende Mauern, die vor Jahrhunderten kunstvoll von Hand gestapelt wurden. Die atemberaubenden Eindrücke lassen uns immer wieder schaudern. Gott sei Dank müssen wir uns bewegen, das heißt, mal auf allen Vieren kriechen oder auch mal richtig klettern, sodass es uns dann auch gleich etwas wärmer wird. Während

Ein Hörerlebnis der besonderen Art: Klangschalenmeditation tief unten im Berg

Der ehemalige Arbeitsplatz der Bergleute: dunkle, schmale und niedrige Gänge aus gestapelten Schieferplatten

der Führung erfahren wir viel über Schiefer, Schieferdächer und Schieferdachplatten und wir können mit eigenen Augen beobachten, wie sie bearbeitet werden. Interessant sind auch die alten Überreste der Bergleute – aber keine Angst, nicht deren Gebeine! Sondern das, was sie damals benutzt und dann nach dem Aus des Schieferbergwerks einfach stehen gelassen haben – wie beispielsweise eine alte Zeitung und Flasche.

## Mit der beste Tauchspot weltweit!

Nach der Führung tauchen wir auch noch kulinarisch unter Tage ein. Wer möchte, kann ein leckeres Menü im Schein von Grubenlampen dazubuchen! Dabei werden wir mit einem Sektempfang, einer reichhaltigen Auswahl an Vorspeisen, einem Vier-Gänge-Menü und einem herrlichen Dessert verwöhnt. Ein einzigartiges Dinner-Highlight.

Spannende Welten unter Wasser entdecken Taucher in den weitverzweigten Stollen.

Außergewöhnliche Location für ein Abendessen bei Kerzenschein

Wer dagegen lieber die spannende Unterwasserwelt aus längst vergangenen Zeiten erkunden möchte, der probiert das Bergwerktauchen im Nuttlarer Schieferbau aus. Das Bergwerk ist dabei kein klassisches Tauchrevier, aber mit einer Länge von zwölf Kilometern und einer Tiefe zwischen 14 und 38 Metern zählt es zu den 50 besten Tauchspots weltweit! Anfänger und Tauchlaien buchen am besten einen Schnupperkurs im offenen Bereich vom Nuttlarer Bergwerk. Fortgeschrittene, die einen Open-Water-Tauchschein besitzen, tauchen komplett in dieses einzigartige Erlebnis ein.

Diejenigen, die doch lieber oberhalb der Wasserkante bleiben möchten, besuchen eine Klangschalenmeditation. Warm bekleidet und mit einer Decke unter dem Arm fahren wir dabei 140 Meter durch den Kaiser-Wilhelm-Stollen tief in den Berg hinein zu einem ganz besonderen Ort. Die Bergleute nannten ihn die »Halle der Wale«. Bei acht Grad und wohltuend feuchter Luft lassen wir die Mystik der spärlich beleuchteten Umgebung auf uns wirken und lauschen den reinen Tönen der Klangschalen, die bis weit in die Tiefe der Halle hineintönen.

## TIPPS & INFOS

**GEEIGNET** als Tagesausflug.
**SCHIEFERBERGWERK** Öffnungszeiten ganzjährig, Führungen an Wochenenden, Feiertagen nur nach Voranmeldung. www.schieferbau-nuttlar.de
**TAUCHEN** Organisiert und durchgeführt durch die Tauchschule Sauerland. www.tauchschule-sauerland.de
**ANREISE** Vom Bahnhof Bestwig mit dem Bus R75 bis zum Bahnhof Nuttlar, sechs Minuten Fußweg. www.bahn.de
**ÜBERNACHTUNG** Das Flair Hotel Nieder verwendet im Restaurant nur frische regionale Zutaten. www.hotel-nieder.de
**EIN MUSS** Ausflug zum Hennesee, ca. 35 Minuten mit dem Bus entfernt. Dort unbedingt eine Seerundfahrt machen oder tauchen gehen. www.hennesee-sauerland.de

# 30 Wildpferde im Merfelder Bruch

## Reservat für bedrohte Kleinpferde

Wir beobachten den traditionellen Hengstfang der letzten echten Wildpferde im Merfelder Bruch, besuchen den Dülmener Wildpark und baden im Silbersee.

Wildpferde in Deutschland? Völlig unmöglich, denkt man. Aber halt – es stimmt! Die letzte Wildpferdeherde in Europa lebt schon seit hunderten von Jahren in freier Wildbahn im südlichen Münsterland, genauer im Merfelder Bruch. Erstmals urkundlich erwähnt wurden die Dülmener Wildpferde, wie sie genannt werden, im Jahr 1316. Im Laufe des 19. Jahrhunderts ging der Bestand der eigenständigen deutschen Kleinpferderasse stark zurück, und heute sind sie leider vom Aussterben bedroht. Dass sie überhaupt überlebt haben, ist dem Herzog Alfred von Croÿ zu verdanken, der im Jahr 1847 das Wildgestüt als Reservat eingerichtet hat. Heute umfasst die Wildpferdebahn ca. 350 Hektar, ist ein Naturschutzgebiet, und aus den damals 20 Wildpferden ist eine Herde von über 400 Wildlingen geworden.

Ohne Pflege, Tierarzt und Medikamente wachsen die Wildpferde auf. Deswegen halten sie wahrscheinlich etwa zehn Meter Abstand gegenüber Menschen und laufen weg, wenn man ihnen zu nahekommt. Die »Dülmener« kann man aber auf Spazierwegen – auch außerhalb des Reservates – sehr gut beobachten. Bis zu 80 Fohlen werden jährlich im Merfelder Bruch geboren. Im März und April kommen sie nach elf Monaten Tragezeit zur Welt und bleiben im Schutz der Mutterstuten. Die weiblichen Fohlen bleiben ein Leben lang in der Herde und können ab dem Alter von vier Jahren erstmals Nachwuchs bekommen. Den Hengstfohlen ergeht es anders: Da

Heidschnucken und andere Tiere trennen im Wildpark Dülmen keine Zäune von den Besuchern.

Meist variiert die Fellfarbe zwischen grau und braun, weiße Tiere gibt es nicht.

in der Wildpferdebahn nicht genug Raum für rivalisierende Hengste ist, werden jedes Jahr am letzten Samstag im Mai die einjährigen Hengste herausgefangen, auch um Inzucht und tödliche Zweikämpfe zu vermeiden. Nur an diesem einen Tag im Jahr wird die Ruhe im Merfelder Bruch gestört.

## Älteste deutsche Pferderasse

Begleitet wird dieses Einfangen von einem Volksfest rund um die Arena. Um 15 Uhrgaloppiert dann die gesamte Herde in das Arena-Oval. Sekunden vorher hören wir bereits das Donnern der Hufe – wie ein Grollen. Sobald sich die Wildpferde etwas beruhigt haben, trennen 30 Männer – aus Dülmen und Umgebung – die Junghengste mit ausgebreiteten Armen vom Pulk der Tiere und führen sie zu einem abgetrennten Gatter. Wer dabei Wild-West-Manieren erwartet, ist fehl am Platz, denn es gibt keinerlei Hilfsmittel! Nach dem Fang werden die Hengste mit einem elektronischen Chip als Dülmener Wildpferd gekennzeichnet und sofort versteigert. Mit dem Erlös der Tiere finanziert Rudolf Herzog von Croÿ teilweise den Unterhalt der Herde.

Wer sich auf den Weg zu den Dülmener Wildpferden macht, sollte sich den Wildpark Dülmen nicht entgehen lassen. Er zählt zu den schönsten und reizvollsten Parks im Münsterland und beherbergt viele einheimische Tiere: Damwild, Schafe und Heidschnucken, die vollkommen frei im Park leben. Wir beobachten sie aus nächster Nähe, denn sie sind an Menschen gewöhnt. Falls wir allen Wegen im Wildpark folgen, sind wir sicherlich zwei bis drei Stunden unterwegs. Süd-

Da vibriert der Boden, wenn die Herde losgaloppiert.

Der kleine Ort Haltern liegt im Naturpark Hohe Mark-Westmünsterland.

lich des Wildparks liegt ein Naturschutzgebiet, durchzogen von unzähligen und sehr großen Teichen. Ganz in der Nähe ist auch der bekannte Silbersee. Das dortige Strandbad zwischen Haltern und Haus Dülmen wartet mit einem 900 Meter langen Sandstrand auf! So können wir rund um Dülmen einen ganzen Tag verbringen, denn auch die alten, ruhig gelegenen Kiefernwälder laden uns zum Spazierengehen ein.

## TIPPS & INFOS

**GEEIGNET** als Tagesauflug.
**WILDPFERDEBAHN** Öffnungszeiten ab März/April bis 1. Nov. Sa/So/Fei bei gutem Wetter 10 bis 18 Uhr. Preise Erwachsene 4 EUR, Kinder ermäßigt. wildpferde.de
**ANREISE** Mit der Bahn bis Münster. Schnellbusse bis Merfeld-Kirche, von dort das Anruf-Sammel-Taxi (AST Dülmen) Telefon 025 94 / 879 99. Bitte beachten: Anmeldung 60 Minuten vor Ankunft. www.bahn.de www.rvm-online.de
**WILDPARK** Der Dülmener Wildpark ist 24/7 offen und kostenfrei.
**SILBERSEE** Der See kann aus den umliegenden Orten Haltern am See, Reken und Marl erreicht werden. Preise 4 EUR pro Person. Nur bei schönem Wetter geöffnet. In den Sommermonaten fahren Busse der Vestischen bis Parkplatz 2, keine 50 Meter vom Osteingang des Strandes.
www.vestische.de, www.silbersee-haltern.de

# 31 Auf den Spuren des Neandertalers

## Wie lebte unser Vorfahr?

Wir besuchen die Fundstelle des Neandertalers und folgen seiner Fährte durch das eiszeitliche Wildgehege bis zum Steinzeitspielplatz.

Bis ins frühe 19. Jahrhundert wurde das Neandertal meistens nur als das »Gesteins« bezeichnet. Es ist ein weitgehend unbebauter Talabschnitt der Düssel im niederbergischen Land auf dem Gebiet der Städte Erkrath und Mettmann. Die damals sehr bekannte Schlucht von rund einem Kilometer Länge wurde aber erst nach ihrer Zerstörung durch den Kalkabbau weltweit berühmt: In der Kleinen Feldhofer Grotte fand man fossile Überreste eines Urzeitmenschen aus dem Pleistozän, des »Neandertalers«. Von der wildromantischen Felslandschaft ist seitdem nicht mehr viel übriggeblieben. Der letzte Rest des »Gesteins« ist der Rabenstein neben der Fundstelle. Unsere Reise durch die Vergangenheit starten wir aber erstmal am Taleingang im Neanderthal Museum, einem der modernsten Museen Europas. Im Museum erleben wir auf anschauliche Weise die Geschichte der Menschheit von den Anfängen in den afrikanischen Savannen vor mehr als vier Millionen Jahren bis in die Gegenwart. Die Ausstellung ist übersichtlich und aufwendig gestaltet. Die Audio-Guides sind kostenlos in Deutsch und Englisch am Eingang verfügbar. Sie vermitteln uns an den verschiedenen Stationen interessante Hintergrundinformationen zu den Exponaten. Außerdem gibt es spannende Ausstellungen und immer wieder wechselnde Sonderausstellungen. In der Steinzeitwerkstatt bauen wir uns dann unsere Feuersteinklingen und

Diese Statue eines Neandertalers steht in Mettmann am Eingang des Museums.

Die kleine Düssel, ein Nebenfluss des Rheins, fließt durch das Neandertal.

rüsten uns mit Pfeil und Bogen für eine originalgetreue eiszeitliche Jagd aus. Dann geht es weiter zur Fundstelle der Knochen, die ca. 400 Meter vom Museum entfernt liegt. Auf dem Weg dahin finden wir Informationsstationen, die einen Überblick über die Natur, Kultur und die wechselvolle Geschichte des Tals geben. Die Fundstelle selbst ist außerdem als archäologischer Garten inszeniert.

## Lange, lange vor unserer Zeit

Danach gehen wir weiter in das eiszeitliche Wildgehege. Auf unserem Spaziergang durch das Waldstück zwischen Museum und Wildgehege erhalten wir dann auch noch Denkanstöße zum spannenden Verhältnis zwischen Mensch und Natur: Dafür ist der Kunstweg *MenschenSpuren* mit zehn Skulpturen errichtet worden. Am Wildgehege angekommen, bestaunen wir ganz aus der Nähe Wisente und Nachzüchtungen von Auerochsen und Tarpanen (Wildpferden). Sie sollen so in der Eiszeit vorgekommen, aber in Europa bereits vor hunderten von Jahren ausgestorben sein. Aber Vorsicht: Unsere Waffen dürfen wir nicht mit ins Gehege nehmen. Der Fußweg um das Wildgehege dauert übrigens etwa eineinhalb bis zwei Stunden. Danach lassen die kleinen und großen Entdecker auf dem neuen Steinzeitspielplatz ihrem Spieltrieb freien Lauf. Er ist mit einer geschwungenen Brücke, die über den Mettmanner Bach führt, auf einer Länge von etwa 34 Metern mit dem Neanderthal Museum

Das Neandertal wurde um 1800 herum nach dem Kirchenlieddichter Joachim Neander benannt.

Es gibt Pläne zur zukünftigen Nutzung des historischen Steinbruchs im Neandertal, noch steht jedoch nichts fest.

verbunden. Auf insgesamt 2250 Quadratmetern Spielfläche lassen sich überall Verbindungen zur Urzeit knüpfen: Die überdimensionalen steinzeitlichen Stoßlanzen sind beispielsweise Nachbildungen von Originalfunden aus der Zeit des Neandertalers. Wer gut aufpasst, findet auch versteckte kleine Malereien, die auf seine Kultur hinweisen.

Die Minis – bis zum sechsten Lebensjahr – machen die sogenannte Treibholzlandschaft mit Zitterbalken und Wasser unsicher. Der allerdings imposanteste Hingucker ist der Pfahllanzenturm: Seine höchste Spitze ragt 9,50 Meter in den Himmel! Von oben führt eine Rutsche hinunter. Seile und Netze runden den Kletterspaß perfekt ab.

## TIPPS & INFOS

**GEEIGNET** als Halbtages- und Tagesausflug.
**MUSEUM** Öffnungszeiten Di –So 10 – 18 Uhr. Fundstelle Nov.– Feb. 10 – 16 und März – Okt. 10 – 17 Uhr. Preise Erwachsene 11 EUR, Familien und Kinder ermäßigt. www.neanderthal.de
**ANREISE** Regiobahn (S 28) bis zur Haltestelle Neanderthal, 800 Meter Fußweg. S8, 25 Minuten Fußweg. Busse 741 und 743 halten unmittelbar vor dem Museum. Bei Anreise mit dem ÖPNV erhalten Einzelpersonen 1 EUR und Familien 2 EUR Preisnachlass bei Vorlage des Tickets. Zwei KFZ-Elektrosäulen auf dem Museumsparkplatz, Ladesäulen für E-Bikes, beide mit Ökostrom. www.neanderthal.de
**WANDERN** Wer noch Elan hat, kann eine der drei Entdeckerschleifen vom Neanderlandsteig erwandern. www.neanderlandsteig.de

# Was genau ist eigentlich …?

## Nationalpark, Naturschutzgebiet und Biosphärenreservat

Mitten in unserem schönen und vielfältigen Deutschland gibt es zahlreiche nachhaltige Reiseziele, die eine Menge zu bieten haben – besonders unsere Nationalparks und Biosphärenreservate. Aber was ist eigentlich der Unterschied?

Ein Nationalpark ist ein ökologisch oder landschaftlich besonders wertvolles, naturnahes Gebiet. Hier wird die Natur vor unerwünschten menschlichen Eingriffen – egal, in welcher Form – geschützt. Die Entwicklung der Ökosysteme folgt großflächig weitgehend ihrer natürlichen Dynamik. Nationalparks dienen als Rückzugsgebiete seltener Pflanzen und Tiere und sind räumlich in der Regel deutlich größer als die vom Schutzstatus vergleichbaren Naturschutzgebiete. Die meisten deutschen Nationalparks sind derzeit leider noch »Entwicklungs-Nationalparks«. Das bedeutet, dass sie das Kriterium einer großflächigen, ungestörten Naturentwicklung bislang nur teilweise erfüllen. Dabei darf die Kernzone in der Regel nicht betreten oder genutzt werden. In Pflegezonen ist da-

Die Schilder des Naturschutzgebiets weisen auf seine Grenzen hin.

Der Nationalpark Berchtesgaden ist eines der ältesten Schutzgebiete in Deutschland.

gegen Wandern oder Fahrradfahren auf ausgewiesenen Wegen möglich. Dort finden auch bestimmte Eingriffe wie Aufforstungen oder eine Beweidung von Grünlandstandorten statt. Allerdings immer im Einklang mit den Schutzzielen des Nationalparks und mit dem Ziel, die Biotope zu entwickeln bzw. zu erhalten.

## Lebensgrundlagen für Menschen, Tiere und Pflanzen

Biosphärenreservate hingegen sind als Gesamtgebiete keine reinen Naturschutzgebiete. Meistens handelt es sich um großräumige, vielfältige Kulturlandschaften, die seit Jahrhunderten von Menschen genutzt werden und die eine historisch gewachsene Arten- und Biotopvielfalt aufweisen. So werden in UNESCO-Biosphärenreservaten die Landschaften durch nachhaltige Entwicklung geschützt und erhalten. Allerdings immer im Einklang mit den Interessen von Anwohnern und Wirtschaft. Deswegen werden fast alle deutschen Biosphärenreservate landwirtschaftlich und touristisch genutzt. Unter den deutschen Biosphärenreservaten befinden sich auch die deutschen Nationalparks im Wattenmeer und der Nationalpark Berchtesgaden.
Experten raten für Distanzen bis 800 Kilometer erdgebundene Verkehrsmittel zu nutzen, der Umwelt zuliebe. Das bedeutet: Wer nicht weit reist, sollte Bus, Bahn oder ein Elektroauto nehmen. Aber auch vor Ort sollten wir statt des Mietwagens lieber Bahn, Bus, Fahrrad oder auch mal Taxi fahren. Das steigert zudem den Erlebniswert, weil wir unmittelbareren Kontakt zur Umgebung haben.
Ebenso gilt es bei der Wahl der Unterkunft einiges zu beachten. Am besten bucht man gleich ein Bio- oder Ökohotel, denn diese achten unter anderem auf Bio-Lebensmittel und bevorzugen regionale Erzeugung. Online-Plattformen unterstützen uns bei der Suche. Falls in der Region keines dieser Hotels zu finden ist, bucht man am besten kleine inhabergeführte Unterkünfte: Das Geld bleibt dort und nutzt so der einheimischen Bevölkerung.

*biohotels.info*
*bookitgreen.com*
*bookdifferent.com*
*fairunterwegs.org*
*goodtravel.de*
*forumandersreisen.de*
*viabono.de*

# 32 Draisinentour im Odenwald

## Kletterwald für Groß und Klein

Wir fahren mit der Solardraisine durch den Odenwald, suchen die Herausforderung im Kletterwald und übernachten im naturnahen Heubett.

Alle, die sich umweltfreundlich fortbewegen möchten, erleben mit der Solardraisine im Odenwald ein einmaliges Freizeitvergnügen. Die weltweit erste Solardraisinenbahn hat dabei eine einst stillgelegte Bahnstrecke wiederbelebt: Die Fahrt führt auf der denkmalgeschützten Trasse der ehemaligen Überwaldbahn über drei – bis zu 32 Meter hohe – große Viadukte, durch zwei Tunnel und vorbei an einer wunderschönen Landschaft mit atemberaubenden Ausblicken. 24 Solarfahrzeuge sind auf der knapp zehn Kilometer langen Strecke unterwegs. Es sind Hybrid-Schienenfahrzeuge, die Platz für acht Personen bieten. An vier Sitzplätzen sind Tretkurbeln montiert, mit denen sich die Draisine bewegen lässt. Der Antrieb wird mit der gespeicherten Solarenergie unterstützt, sodass wir keine besondere körperliche Fitness mitbringen müssen – und Solardraisine fahren ist einfacher als Fahrradfahren! Mit immerhin 15 Stundenkilometern fahren wir an einmaligen Aussichten des Odenwaldes vorbei. Insgesamt benötigen wir für die Strecke mit Hin- und Rückfahrt ca. dreieinhalb bis vier Stunden. Am Anfang erhalten wir eine Einweisung durch das Betriebspersonal. Dabei werden uns die Funktion und das Verhalten während der Fahrt erklärt. Nach der Rückfahrt stellen wir die Draisine dann einfach im jeweiligen Endbahnhof – Mörlenbach oder Wald-Michelbach – ab.
Danach besuchen wir eine weitere Attraktion auf der Kreidacher Höhe: den Kletter-

◄ Im gemütlichen Heu auf dem Hof Ins Scholze schläft es sich ausgesprochen gut.

► Der Kletterwald befindet sich direkt neben der Sommerrodelbahn.

wald Wald-Michelbach. Der bietet insgesamt zehn Parcours mit unterschiedlicher Höhe, Länge und Schwierigkeitsgrad sowie über 80 Kletterübungen – für jeden Kletterfan genau das, was er sucht. Der niedrigste Parcours hat dabei eine Standhöhe von einem Meter und kann bereits von Kindern ab vier Jahren genutzt werden.

## Fast für jedes Alter ein Erlebnis

Natürlich erhalten wir auch hier eine ausführliche Einweisung in die Handhabung und in die Sicherheitstechnik, was sehr wichtig ist. Und dann geht es los: Schritt für Schritt bzw. Griff um Griff geht es immer weiter hinauf, bis wir eine luftige Höhe von bis zu 32 Metern erreicht haben. Für einen speziellen Adrenalinschub sorgt dann noch der Flying Fox Parcours. Hier sausen wir an einem Seil mit Blitzgeschwindigkeit über eine Wiese hinunter ins Tal! Ein einzigartiges Erlebnis. Für Kinder zwischen drei und zwölf Jahren gibt es übrigens ein Kletterlabyrinth. Es wird ohne Kletterausrüstung genutzt und ist mit speziellen Netztunneln gesichert. Wem das zu hoch hinaus geht, der erlebt nebenan Rodelspaß pur! Auf der 1000 Meter langen Sommerrodelbahn, die gleich neben dem Kletterwald liegt, sausen wir mit bis zu 40 Stundenkilometern durch zwei spektakuläre Kreisel und überqueren in luftiger Höhe die angrenzende Landstraße. Sollte es regnen, schützen uns Regendächer, damit wir trocken ins Tal kommen.

Am Abend freuen wir uns dann auf den würzigen Duft von goldenem Heu und die rusti-

Die denkmalgeschützte ehemalige Eisenbahnstrecke führt auch über drei historische Viadukte.

Ganz ursprünglich, ohne Federkern, Latex oder Boxspring: Heu und noch mal Heu

kale Atmosphäre der schönen alten Bauernscheune mit unseren frischen Heubetten – eine ganz besondere Erfahrung. Nur zwölf Kilometer entfernt vom Kletterwald ist unsere Übernachtung im Heu ein tolles, ganz besonderes und naturnahes Erlebnis: Es ist, als ob wir im Bett Energie in der Natur tanken. Dabei hilft uns der Duft von frischem Heu und Wiesenblumen, zu entspannen und den Alltag zu vergessen. Allergiker übernachten stattdessen im Schäferwagen oder einem der Gästezimmer.

## TIPPS & INFOS

**GEEIGNET** als Halbtages- oder Tagesausflug mit Übernachtung.

**DRAISINENFAHRT** Die Preise Mo– Do ab vier Personen ab 59 EUR, Fr– So sowie Fei ab 77 EUR. Abfahrtszeiten je nach Bahnhof. www.solardraisine-ueberwaldbahn.de

**ANREISE** Ab Bahnhof Weinheim mit dem Bus 680 zum Alten Bahnhof, Wald-Michelbach. Nach Mörlenbach die Regionalbahn 69 bis Mörlenbach Bahnhof. www.bahn.de

**KLETTERWALD/SOMMERRODELBAHN** Der Kletterwald und die Sommerrodelbahn haben von April bis Ende Oktober geöffnet, die Rodelbahn auch in den Wintermonaten am Wochenende. Der Kletterwald kostet 16 EUR für Erwachsene, Kinder reduziert, die Rodelbahn 3,50 EUR für Erwachsene, Kinder 2,50 EUR. www.sommerrodelbahn-wald-michelbach.de

**ANREISE** Vom Bahnhof Weinheim mit dem Bus 690 bis zum Alten Bahnhof, Wald-Michelbach. www.bahn.de

**ÜBERNACHTEN** Hof »In's Scholze« in Rimbach, April bis Oktober, Heubett ab 15 EUR. www.ins-scholze.de

# 33 Fährten lesen im hessischen Spessart

## Unterrichtsfach Pfotenabdruck

Wir lernen einzelne Pfotenabdrücke zu lesen und zu unterscheiden und tauchen dann bei anderen Führungen tief in den Naturpark Hessischer Spessart ein.

Fährtenlesen scheint am einfachsten an einem Wintermorgen mit Neuschnee. Doch um Spuren zu untersuchen, muss es nicht unbedingt Winter sein. Fährten von Tieren finden sich das ganze Jahr über im Matsch, in feuchter Erde oder im Sand. Wenn wir genau hinschauen, finden wir die Tierart, genauso wie die Anzahl, Wanderrichtung und die Geschwindigkeit heraus. Reiht sich wie auf einer Linie ein Pfotenabdruck an den nächsten, dann »schnürte« beispielsweise ein Fuchs vorbei. Tiere hinterlassen eine Vielzahl an Spuren. Im Naturpark Hessischer Spessart, genauer in Biebergemünd, lernen wir, diese Spuren zu lesen. So sind Füchse beispielsweise Sohlengänger, Vögel stehen auf vier Zehen, Reh und Wildschwein laufen hingegen auf den Zehenspitzen, den Hufen. Wir studieren, wie jede Pfote mit ihren Ballen und Krallen den Boden sozusagen stempelt. Wir unterscheiden die Trittsiegel von Hirsch und Sau voneinander und sehen, wie die Hinterlassenschaften von Wildtieren aussehen und wie sich ihre Laute anhören. Nach der dreistündigen Führung haben wir zumindest eine Ahnung vom Trapper-Dasein. Wer allerdings wirklich intensiv einsteigen möchte, der bucht am besten eine Fährtenlese-Intensivwoche in Jossgrund. In sieben Tagen Praxis in der Natur üben wir nicht nur Fährtenlesen: Es geht von der Identifikation eines Trittsiegels bis hin zu den Gangarten und der Interpretation einer Fährte, also aus

Wer genau hinschaut, kann auch auf matschigem Boden Spuren lesen.

Der Biber ist ein fleißiger Baumeister, durch konsequenten Schutz konnten seine Bestände in Europa sich erholen.

der Fährte zu lesen, was passiert ist. Es geht aber auch um Gangartstudien an verschiedenen Wildtieren sowie abendliche Theorie und vertiefende Übungen, die das erworbene praktische Wissen festigen und die Teilnehmer auf den nächsten Tag vorbereiten. Und alle, die nicht genug bekommen, können anschließend noch eine Ausbildung zum Wildlife Tracker machen.

## Die Architekten der Natur

Der Naturpark Hessischer Spessart, der sich mit über 74 000 Hektar in den beiden Bundesländern Hessen und Bayern erstreckt, bietet aber noch eine Fülle weiterer Aktivitäten. Es ist eines der größten zusammenhängenden Waldgebiete in der Mitte Deutschlands und der ideale Lebensort für viele bedrohte Tierarten. Eines davon ist der Biber, dessen Spur wir bei einer anderen

Im hessischen Jossgrund kann man den Natur-Workshop zum Fährtenlesen belegen.

Der Spessartbogen führt auch über Wiesen und Felder, nicht nur durch den finsteren Spessartwald.

dreistündigen Führung verfolgen. Dabei erfahren wir viel Wissenswertes über das Tier: über seine Lebensweise, die Biberburg, den Biberdamm, vom Biber gestaltete Landschaften, wie er wieder in den Spessart kam und ob er dort Probleme bereitet.
Wer lieber wandert, der kann bei einer Wildkräuterwanderung oder beim Waldbaden tief in den Wald eintauchen. Während der Führung »Baumkräfte – Die Apotheke des Waldes« gewinnen wir die Erkenntnis, dass Bäume nicht nur Holzproduzenten, Kohlenstoffspeicher und die grünen Lungen unseres Planeten sind, sondern auch Alche-

misten, Gasthäuser, Tempel, Rathäuser, Trostspender und Lehrmeister. Ansonsten bietet der Naturpark noch Walderlebnis-, Vogelstimmen- und Nachtwanderungen oder Familienentdeckungstouren. Wem das zu viel Trubel ist, der wählt eines der nachhaltigen Wanderangebote im Naturpark: den »Spessartbogen«, einen 90 Kilometer langen Fernwanderweg zwischen Langenselbold und Schlüchtern, eine der »Spessartfährten«, einen Rundwanderweg, der nach 10 bis 16 Kilometern wieder zum Ausgangspunkt zurückführt, oder eine »Spessartspur«, einen der kurzen Rundwanderwege mit bis zu 12,5 Kilometern. Hier im Naturpark findet mit Sicherheit jeder seine ideale Spur.

## TIPPS & INFOS

**GEEIGNET** als Tagesausflüge, Wochenend- oder Wochenseminar.
**NATURPARK** Führungen, Wanderwege und Veranstaltungen unter www.naturpark-hessischer-spessart.de, www.spessart-tourismus.de
**ANREISE** Das gut ausgebaute Streckennetz der Deutschen Bahn, Hessischen Landesbahn, des RMVs ermöglicht eine gute Vernetzung in der Region. In Hanau, Aschaffenburg, Frankfurt und Fulda befinden sich ICE-Bahnhöfe, viele weitere Orte sind über die Regionalbahnen erreichbar. www.bahn.de
**INTENSIVWOCHE** Intensivwoche Fährtenlesen oder die Ausbildung zum Wildlife Tracker unter www.wurzeltrapp.de

# 34 Über den Wolken auf der Wasserkuppe

## Gipfelfreuden in der Rhön

Egal ob mit dem Segelflieger, Ballon oder dem Gleitschirm – auf dem höchstgelegenen Flugplatz in Deutschland starten wir über die Wolken.

Die höchste natürliche Erhebung in Hessen ist mit 950 Metern die Wasserkuppe. Neben ihrem Status als höchster Berg Hessens ist sie zugleich auch die höchste Erhebung des Mittelgebirges Rhön und zudem Teil des UNESCO-Biosphärenreservats. Als »Berg der Flieger« bietet die Wasserkuppe einen traditionsreichen Hintergrund, denn dort wurde das Segelfliegen »erfunden«. Kein Wunder also, dass dort direkt auf den Höhen, umgeben von Flugplatz, Flugschulen und Hangars, auch das Deutsche Segelflugmuseum beheimatet ist. Außerdem ist der höchstgelegene Flughafen in Deutschland mit etwa 20 000 Starts und Landungen pro Jahr immer noch sehr gut frequentiert.

Um das Fliegen »über den Wolken« zu erleben, machten wir uns bei gutem Flugwetter auf zur Wasserkuppe. Ohne Anmeldung buchten wir im Luftsportzentrum einfach einen Schnupperflug mit dem Segelflieger. Und dann war es soweit: Schon das Hineinsetzen in das schmale Segelflugzeug war aufregend. Ein motorisiertes Schleppflugzeug brachte uns in die Höhe. Nach dem Ausklinken – dem Lösen der Schleppleine – kreiste unser Pilot rund 30 Minuten mit uns über dem »Berg der Flieger«. Die Aus- und Weitsicht war unbeschreiblich, genau wie das Gefühl, schwere- und geräuschlos über den Wolken dahinzugleiten. Ein faszinierendes Erlebnis! Auch eine Segelflugausbildung ist hier möglich. Dabei wird man von professionellen Fluglehrern betreut, die verschiedene

Im Segelflieger kann man die Rhön aus der Vogelperspektive erleben.

Die Adlerskulptur auf der Wasserkuppe wurde zu Ehren von hier aus verunglückter Segelflieger errichtet.

Startarten, Thermiktraining und Kunstflug lehren. Übrigens benutzt die Fliegerschule nur sparsame Schleppmaschinen, um der Natur im Biosphärenreservat nicht zu schaden. Für die Rückschleppung der Segelflugzeuge vom Flugfeld werden zudem Elektromobile verwendet.

## Motorlos fliegen

Ebenfalls einen einzigartigen Blick auf die Kuppen der Rhön bietet uns eine Ballonfahrt. Die majestätische Stille beim Dahinschweben wird dabei nur durch das gelegentliche Feuern des Ballons unterbrochen. Die Ballonfahrt dauert etwa eine Stunde. Wer sich den Wind lieber direkt um die Nase wehen lässt, der probiert einen Gleitschirm-Tandemflug. Dabei liegt die Flugdauer allerdings nur zwischen fünf Minuten und einer Viertelstunde. Aber auch Drachenfliegen kann man hier lernen oder als Gastpilot mit dem Hängegleiter starten.
Sobald wir wieder festen Boden unter den Füßen haben, besuchen wir das Deutsche Segelflugmuseum. Im Museum finden wir zahlreiche Informationen über die 100-jährige Geschichte des Segelfluges, die technische Entwicklung und natürlich auch interessante Exponate.
Danach wartet der Rhönbob auf uns. Mit dem »Alpine Coaster«, wie er auch genannt wird, sausen wir über Wiesen und durch Waldstücke ins Tal. Auf der 1050 Meter langen Strecke mit 105 Metern Höhenunterschied sehen wir

Sonnenaufgang bei Ehrenberg mit Aussicht auf die Wasserkuppe

Gleitschirmflieger schätzen die sanften Hügel der Wasserkuppe für Starts und Landungen.

an einem Punkt sogar die gefahrene Geschwindigkeit. An der Talstation angelangt, werden wir dann ganz bequem über ein Liftsystem zurück zum Startpunkt gebracht – und das, ohne auszusteigen! Danach machen wir gleich noch ein Wettrennen auf den beiden 700 Meter langen Sommerrodelbahnen mit den jeweils sieben Steilkurven. Die Kleinen fliegen derweil mit dem Hexenbesen durch die Lüfte oder wählen einen der acht Parcours im höchstgelegenen Kletterwald Deutschlands. Dabei gibt es von einfachen Kletterübungen in Bodennähe bis hin zu herausfordernden Kletterelementen in acht Metern Höhe alles, was ein Kletterherz höherschlagen lässt.

## TIPPS & INFOS

**GEEIGNET** als Tagesausflug oder Wochenendtrip.
**WASSERKUPPE** Alle Aktivitäten auf der Wasserkuppe unter wasserkuppe.net, www.wasserkuppe.com
**SEGELFLUGMUSEUM** Öffnungszeiten April – Okt. tgl. 10–17 Uhr, Nov.– März unter www.segelflugmuseum.de
**RODELBAHN** Öffnungszeiten bei passendem Wetter April – Ende Okt. tgl. von 10–17 Uhr. Tagesaktuelle Öffnungszeiten zu allen Attraktionen unter www.sommerrodelbahnen-wasserkuppe.de
**ANREISE** Mit der Bahn über Fulda nach Gersfeld, weiter mit dem Bus. Alternativ fahren auch Busse direkt von Fulda. www.bahn.de, www.lng-fulda.de
**LADESTATIONEN** Ein Destination Charger für TESLA-Fahrer ist am Papillon Flugcenter, Ladestationen für Elektroautos unter anderem am Rhön-Infozentrum, für E-Bikes am E-Bike Verleih Wasserkuppe.
**ÜBERNACHTEN** Im nachhaltigen Feriendorf Wasserkuppe. Das Bio-Hotel LindenGut liegt in Dipperz nur zehn Kilometer entfernt. feriendorf-wasserkuppe.de, www.linden-gut.eu

# 35 Biologische Vielfalt entdecken

## Mitmachmuseum über Lebewesen und Lebensräume

Im bioversum im Norden Darmstadts gibt es für kleine und große Forscher allerhand auszuprobieren und zu entdecken.

bioversum – dieses Wort hat das Museum, das im Zeughaus des Jagdschlosses Kranichstein untergebracht ist, selbst kreiert. Es ist das Leitbild des Museums und bedeutet: die Vielfalt der Natur kennen- und schätzen lernen. Und diese biologische Vielfalt wird hier wirklich zum Anfassen präsentiert. Das Museum besteht zum einen aus einer Ausstellung über die verschiedenen Tiere, Pflanzen und Pilze, vor allem aber zum Thema Vielfalt. Wir dürfen hier überall anfassen, rausziehen, hochklappen, anhören und mitraten, beispielsweise einen Fuchsbau erobern, auf einem Computer der Frage nachgehen, ob es in Darmstadt zur Römerzeit auch schon Tomaten gab, oder etwas über Artenschutz lernen. Dazu gibt es spannende digitale und analoge Spiele. Der zweite Teil beschäftigt sich mit dem Thema »biologische Invasionen« und dazugehörigen Fragen: Wie reisen Tiere und Pflanzen? Wie greift der Mensch ein und welche Folgen hat das Ganze? Im Mittelpunkt steht dabei immer der heimische Buchenwald, der das Zeughaus als Wildschutzgebiet Kranichstein umgibt. Zudem gibt es noch das »Freilandlabor« und hier heißt es für uns rund um das Thema biologische Vielfalt Spielen, Forschen, Beobachten und Bauen. Dabei hat uns das »Wildwäldchen« mit dem Bach und seinen verschiedenen Stationen sehr gut gefallen. Allerdings hat das Freilandlabor in der Wintersaison geschlossen. Ein weiteres Highlight ist das allsonntägliche Besucher-

Im bioversum ist Mitdenken gefragt, nicht zuletzt beim Schädelspiel.

Eingang des Jagdschlosses Kranichstein, in dem das bioversum untergebracht ist.

labor. Dort gehen die angehenden Forscher mit echten Biologen Fragen nach wie beispielweise: Wie schnell ist das Schneckentempo? Wie spinnen Spinnen ihre Netze? Und wie viele Farben gibt es eigentlich in der Natur? Manchmal wird allerdings auch nur ein bunter Federschmuck gebastelt. Im Museum Jagdschloss Kranichstein nehmen wir dann noch an einer Falknervorführung teil. Dabei lässt der Falkner verschiedene Greifvögel und Eulen fliegen und normalerweise besteht die Möglichkeit, die faszinierenden Vögel auf die Hand zu nehmen. Bei uns hatten die Tiere allerdings keine Lust, sodass wir sie nur streicheln konnten.

## Was kann ich noch reparieren?

Danach besuchen wir das Jagdschloss Kranichstein, das in unmittelbarer Nähe liegt. Der Eintritt ist inbegriffen. Dabei gehen wir vom bioversum aus links am Zeughaus vorbei zum See. Von dort sehen wir bereits das Schloss. Die Sonderausstellung »Schon repariert – oder noch zu retten?« lassen wir uns nicht entgehen. Dabei geht es um den Umgang mit Dingen im Alltag und wir erfahren, welche Veränderungen die Museumsobjekte im Laufe ihres Daseins durchlebt haben. Im Erdgeschoss erfahren wir allerhand Wissenswertes rund um die Jagd und betrachten eine beeindruckende Sammlung an Waffen. Im ersten Stock erkunden wir die Räumlichkeiten im Wandel der Zeit mit den verschiedenen Epochen. Dazu finden wir Bilder mit

Das weiträumige Gelände des Jagdschlosses mit dem Backhausteich.

So geht's auch: kräftig pumpen statt Hahn aufdrehen.

Geschichten zu den Heldentaten der Jäger. Passend dazu nehmen wir auch noch an der »Jagdhistorischen Pirsch« durch den Wald teil. Dabei lernen wir an acht interaktiven Stationen – die wir entweder zu Fuß oder mit dem Rad besuchen –, wie Jagd-, Kultur- und Naturgeschichte zusammenhängen.

Wer sich dann auch noch das Messeler Hügelland anschauen und gleichzeitig etwas über die durchgeführten oder noch laufenden Naturschutzmaßnahmen lernen möchte, kann sich den vom bioversum entwickelten Rätseltouren, Themenrundwegen oder Naturlernpfaden anschließen.

## TIPPS & INFOS

**GEEIGNET** als Tagesausflug.
**BIOVERSUM** Öffnungszeiten April – Sept. Di – Fr 11 – 17 Uhr, Sa/So/Fei 10 – 18 Uhr, Okt.– März Di – Fr 11 – 17 Uhr, Sa/So/Fei 10 – 17 Uhr. Museum Jan. – Dez. Mi – Fr 13 – 17 Uhr, Sa/So/Fei 10 – 17 Uhr. Preise 5 EUR für Erwachsene, Kinder sind ermäßigt. jagdschloss-kranichstein.de
**FALKNERVORFÜHRUNG** April – Sept. 15 – 16 Uhr, Okt. – März 14 – 15 Uhr. Preise 7 EUR. jagdschloss-kranichstein.de
**ANREISE** Buslinie H bis Kranichstein Kesselhutweg, ca. 10 bis 15 Minuten Fußweg entlang der Kranichsteiner Straße (Radweg). Straßenbahn 4/5 bis Kranichstein Siemensstraße, ca. 15 bis 20 Minuten Fußweg entlang der Kranichsteiner Straße. Buslinie F bis Oberwaldhaus, ca. 15 Minuten Fußweg durch den Wald. Regionalbahn bis Bahnhof Kranichstein und dann ca. 20 bis 25 Minuten Fußweg entlang der Parkstraße und entlang der Kranichsteiner Straße.

# Der Süden

## Imposante Berge, Seen und Flüsse

Burgsteinfelsen bei Dollnstein
im Naturpark Altmühltal

# 36 Heidelberg bei Tag und Nacht

## Die weniger bekannten Seiten der Uni-Stadt

Tagsüber vom Neckar aus oder zu Fuß Heidelberg entdecken und dann nachts der Stadt ihre Geheimnisse entlocken.

Die beiden Rümpfe sind aus Edelstahl und ihr Dach ist mit Solarmodulen bedeckt: Die »Neckarsonne« ist der weltgrößte Solarkatamaran. Seit über 15 Jahren gleitet sie über den Neckar und nimmt dabei bis zu 250 Passagiere mit auf ihre Reise – angetrieben von der Kraft der Sonne. Von Anfang April bis Ende Oktober legt das Touristenschiff sechs Mal am Tag zu einer knapp einstündigen Tour ab. Los geht es an der Anlegestelle an der Alten Brücke in Heidelberg, vorbei an reizvoller Landschaft bis nach Neckarsteinach und wieder zurück. Während das Schiff sanft und leise dahingleitet, erleben wir ohne Abgase die reizvollsten Ausblicke auf die Stadt. Und an Bord der »Neckarsonne« trifft sich jeden Tag die ganze Welt im Kleinen: Eine Spanisch sprechende Familie mit zwei kleinen Kindern, drei Rucksackwanderer, die sich mit fränkischem Akzent unterhalten, und ein Paar, das seine zwei gepflegten Scotch-Terrier an schicken Lederleinen führt. Wir alle haben eins gemeinsam: Wir genießen die Ausblicke, die nur vom Wasser aus zu entdecken sind.

Bevor wir unsere Entdeckungstour zu Fuß fortsetzen, gönnen wir uns ein Eis vom Solareismobil. Das Solareismobil besteht aus einem Lastenfahrrad, auf dem ein Kühlschrank montiert ist. Danach geht es weiter zum Wahrzeichen der Stadt: dem Schloss, das uns – majestätisch hoch über dem Neckar und den Dächern der Altstadt – mit seinem ma-

Das Schloss Heidelberg oberhalb des Neckars, abends festlich beleuchtet

Vom Philosophenweg aus hat man tolle Ausblicke auf Stadt und Schloss.

lerischen Anblick verzückt. Gleich am Fuß des Schlossbergs tauchen wir komplett in die Kultur ein: Denn an Museen, sehenswerten Bürgerhäusern aus der Biedermeierzeit und Bauwerken – wie dem Palais Weimar – mangelt es nicht.

## Auf den Spuren der Philosophen

Danach schließen wir uns einem römischen Zenturio an oder wandern über den Philosophenweg, auf dem auch schon Goethe unterwegs war. Es ist ein bekannter Rundweg gegenüber dem Schloss und dem Königstuhl, der uns mit seiner faszinierenden Flora beeindruckt. Dann besuchen wir das Philosophengärtchen. Hier gedeihen exotische Pflanzen in Hülle und Fülle: Bambus, Ginster, Granatäpfel, Palmen, Pinien, Zitronen und Zypressen erinnern uns ein wenig an die Toskana. Abgerundet wird das Kulturangebot mit einem Ausflug in das Antikenmuseum, das Deutsche Apotheken-Museum und das Ägyptische Museum. Wer noch mag, schnürt seine Wanderstiefel und bricht von Heidelberg aus zum sieben Kilometer entfernten Königstuhl auf. Dort genießen wir das atemberaubende Panorama aus 567 Metern Höhe.
Schon bei Tag ist Heidelberg mit den überall herumstromernden Besuchern aus aller Welt eine wunderschöne Stadt. Allerdings entlocken wir Heidelberg seine Geheimnisse auch bei Nacht: An der Seite eines finsteren Nachtwächters oder der zierlichen Henkers-

Das barocke Rathaus und der Herkulesbrunnen am Marktplatz von Heidelberg

Lautlos geht es im solarbetriebenen Ausflugsschiff durchs Neckartal.

tochter gehen wir im Kerzenschein durch das finstere Gassengewirr. Genau dort, wo einst Studenten spurlos verschwanden und das eine oder andere Teufelswerk geschah! Wer es etwas weniger gruselig mag, besucht eine der urigen Studentenkneipen, wie beispielweise Zum Brückenaff oder hippere Lokale wie das Orange oder die Maxbar am Rathausmarkt. Die Wagemutigen unter uns probieren während der Kneipentour den »Warmen Erpel«, ein Spirituosengemisch, von dem allerdings nicht ganz klar ist, was wirklich zusammengemischt wurde. Bis zur Sperrstunde um zwei bzw. vier Uhr ist neben guter Musik in entspannter Atmosphäre Spaß auf jeden Fall garantiert.

## TIPPS & INFOS

**GEEIGNET** als Tagesausflug oder Wochenendtrip.
**NECKARSONNE** Solarkatamaran www.heidelberg-marketing.de
**SOLAREISMOBIL** Der BUND Heidelberg hat zusammen mit der Stadt Heidelberg, den Stadtwerken Heidelberg, Solar Beck und eldoRADo diese sowohl kundenfreundliche als auch ökologische Lösung entwickelt. www.heidelberg.de
**HEIDELBERG** Gilt als eine der schönsten Städte Deutschlands. www.heidelberg.de
**FÜHRUNGEN, KNEIPENTOUR** Alle Informationen unter www.heidelberg.de
**ANREISE** Zentral in Deutschland gelegen ist die Anreise mit Bus und Bahn möglich. www.bahn.de, www.flixtrain.de
**ÜBERNACHTEN** Ein umweltorientiertes Hotel ist das Neuheidelberg. Mit neuesten ökologischen Standards können das Boutiquehotel Qube und das Midori aufwarten. www.neu-heidelberg.de, qubehotel-heidelberg.de, www.midori-guesthouse.com

# 37 Zu Fuß durch die Wutachschlucht

## Im Grand Canyon des Schwarzwaldes

Wir wandern in einer abenteuerlichen Wildflusslandschaft, in der das Wasser durch tief eingeschnittene Schluchten rauscht und an deren Rändern imposante Felswände in den Himmel ragen.

Die Wutachschlucht liegt im südlichen Hochschwarzwald und erfreut sich bei Wanderfreunden, Hobbygeologen und -biologen größter Beliebtheit. In diesem einzigartigen Naturschutzgebiet zeigt sich uns der Schwarzwald noch als echte Urlandschaft. Die Wutach und ihre Nebenflüsse bilden dabei eine der letzten ursprünglichen Wildflusslandschaften Mitteleuropas: Denn auf einer Länge von 28 Kilometern klafft ein 60 bis 170 Meter tiefer Riss in der sanften Hochebene des Schwarzwalds. Dort rauscht die ungezähmte Wutach durch die Landschaft und stürzt über Felsstufen hinab.

Unsere Wanderung durch die Schluchtenlandschaft entführt uns außerdem in die Erdgeschichte, denn im Laufe der Zeit hat sich die »wütende Ach« tief durch sämtliche Schichten gegraben. Mit Gneis und Granit, Buntsandstein und Muschelkalk bekommen wir fast alle Gesteinsschichten des deutschen Südwestens und ein Abbild der Erdgeschichte vor Augen geführt. Zudem ist die Wutachschlucht mit 1200 von insgesamt 2500 europäischen Pflanzenarten, darunter 40 Orchideen und Seltenheiten wie Felsennelken, Mondviolen und Hirschzunge, ein Eldorado für Hobbybiologen. Aber auch die Tierwelt ist hier besonders artenreich. Mit ein bisschen Glück sehen wir den seltenen Apollofalter, eine von über 500 Schmetterlingsarten in der Schlucht, den Wespenbussard, den bunt schillernden Eisvogel oder den Wanderfalken.

In der Wutachschlucht findet man Wasser in den unterschiedlichsten Formen vor.

Der Weg führt an einem Wasserfall des Lotenbachs vorbei.

Übrigens ist die Märzenbecherblüte in der Schlucht ein botanisches Highlight!
Wir starten die Tour mit etwa 12,5 Kilometern und 433 Höhenmetern durch den größten Canyon Deutschlands am Wanderparkplatz Wutachmühle in Wutach-Ewattingen. Die rund fünfstündige Wanderung führt uns flussaufwärts entlang der reißenden Wutach durch das enge Tal mit seinen steilen Wald- und Felsflanken, über den Rümmelesteg zum Wutachaustritt, wo Wasser aus dem Berg sprudelt. Dann wandern wir an Felsgalerien entlang zum ehemaligen Kurort Bad Boll.

## Wandern im Wildflusstal

Hinter Dietfurt kommen wir an einigen eindrucksvollen Wasserfällen vorbei, ehe wir an der Schattenmühle das Ziel der Wanderung erreicht haben. Diese Wanderung gilt übrigens als die Königsetappe des Schluchtensteigs, der in sechs Tagestouren auf 119 Kilometern quer durch den Naturpark

Auch in der Gauchachschlucht ist Wasser der Hauptakteur.

Im Wutachtal kann man mal nass werden, auch wenn man brav auf dem Weg bleibt.

Südschwarzwald führt und die schönsten Schluchten miteinander verbindet. Voraussetzung sind eine gute Kondition, Trittsicherheit und Schwindelfreiheit. Kinder sollten in der Wutachschlucht erst ab sechs Jahren mitwandern, denn Teilabschnitte sind einfach zu steil.
Eine alternative Familienwanderung führt in die Lotenbachklamm, einen eineinhalb Kilometer langer Seitenarm der Wutachschlucht mit vielen kleinen Wasserfällen. Ein besonders familienfreundlicher Lehrpfad führt in die wildromantische Gauchachschlucht. Hier erfahren die großen und kleinen Wanderer viel Spannendes über Bäume und können sich an Erlebnisstationen austoben.

Wer mehrere Schluchten an einem Tag bewandern möchte, dem wird die neun Kilometer lange Rundwanderung »3-Schluchtenpfad« durch Enge-, Gauchach- und Wutachschlucht gefallen. Auf der dreistündigen Wanderung kommt man auf größtenteils schmalen Pfaden an engen Schluchten, bizarren Felsformationen, steilen Felswänden und natürlich sprudelnden Wasserfällen vorbei.

## TIPPS & INFOS

**GEEIGNET** als Tagesausflug, Wochentrip oder Mehrtagesurlaub.

**WUTACHSCHLUCHT** Weitere Wandertouren und Details unter www.wutachschlucht.de

**WANDERBUS** Ende April bis Anfang Okt. fährt ein Wanderbus das Gebiet ab und bringt Wanderer bequem zum Ausgangspunkt der Wanderung zurück. www.dbregiobus-bawue.de

**ANREISE** Zielbahnhöfe im Nahbereich der Wutachschlucht: Rötenbach (Friedenweiler), Löffingen, Döggingen (Bräunlingen), Neustadt (Schwarzwald). Anreise mit dem Bus über SBG-Kunden-Center. www.bahn.de, www.dbregiobus-bawue.de

**HOCHSCHWARZWALD** Der Hochschwarzwald ist von TourCert als »Nachhaltiges Reiseziel« ausgezeichnet. www.hochschwarzwald.de

**ÜBERNACHTEN** Bioland Gästehaus Hilpertenhof in Lenzkirch, EMAS-zertifiziertes Gasthaus und Naturparkhotel Linde in Löffingen, Bio- und Wellnesshotel Alpenblick in Höchenschwand. hilpertenhof-schwarzwald.de, www.linde-loeffingen.de, www.alpenblick-hotel.de

**EIN MUSS** Besuch am Schluchsee. Der heilklimatische Kurort liegt am gleichnamigen See inmitten des Schwarzwaldes. www.schwarzwald-tourismus.info

# 38 Traufgänge für Draufgänger

## Rund um Albstadt unterwegs

Durch lichtdurchflutete Wälder und über dramatische Traufkanten wandern wir auf der Schwäbischen Alb sieben Traufgänge und genießen unvergessliche An- und Ausblicke.

Es heißt, die Schwaben seien nicht für ihre Großzügigkeit bekannt. Allerdings kann man das auf der Schwäbischen Alb nicht behaupten, denn dort übertreffen sie jegliche Generosität. Sie spendieren Wanderern eine einmalige Landschaft mit zwei Stockwerken: Im Erdgeschoss ist es hügelig und es gibt Flüsse, Bäche, Wälder, Dörfer, Wiesen und Felder. Aber auf der ersten Etage geht es am Albtrauf steil hinauf. Und hier oben in einer Höhe von 900 bis 1000 Metern findet man Orchideen, Wacholderwiesen, Weiden und spektakuläre Aussichten. Die in Albstadt eingerichteten Traufgänge – acht Sommer- und zwei Winterwanderwege – sind perfekt aufeinander abgestimmter Wandergenuss mit atemberaubenden Aussichten und reizvollen Plätzen, die aber auch bequem unterteilt werden können.

Wir entscheiden uns, bei unserem ersten Traufgang mit der Königstour zu starten: dem »Felsenmeerweg«. Die schwere Tour über knapp 17 Kilometer dauert bis zu sechs Stunden. Allerdings entschädigen uns die Fernsicht vom Böllat, das Felsenmeer, die Mammutbäume, der Turm Schalksburg und die Kneippanlage in Heersberg für alle Strapazen. Obwohl wir eine gute Kondition und Trittsicherheit mitbringen, spüren wir unsere Muskeln und nehmen uns deswegen am nächsten Tag »nur« die »Hossinger Leiter« vor. Die Tour ist mittelschwer und dauert bei knapp neun Kilometern um die drei

Auf dem Felsenmeerweg, der sich gut für eine Tagestour eignet, gibt es viel zu sehen.

Bei Sonnenschein leuchtet das Wasser des Blautopfs bei Blaubeuren besonders kräftig.

Stunden. Hier beeindrucken uns vor allem der märchenhafte Aufstieg durch eine wildromantische Schlucht, die keltische Wallanlage, der Panoramablick ins Eyachtal und die Hossinger Leiter.

## Die Eigenheiten der Traufgänge

Die »Ochsenbergtour« starten wir am dritten Tag. Mit knapp zehn Kilometern und dreieinhalb Stunden Gehzeit eine mittelschwere Wanderung. Allerdings ist auf diesem Traufgang einiges geboten: der Schnecklesfels, jagende Urahnen in der Heidensteinhöhle, ein Aussichtsbalkon auf die Alpen und ein vor- und frühgeschichtlicher Skulpturenpfad! Angetrieben von so viel Naturschönheit wählen wir am vierten Tag den »Schlossfelsenpfad« mit 15 Kilometern Länge und über vier Stunden Gehzeit. Dabei geht es – vorne an der Hangkante – hoch hinaus! Wir erleben neben beeindruckenden Felsformationen, dem Mühlenfels und Begegnungen mit Wildschweinen auch eine faszinierende Sicht vom Aussichtsturm am Schlossfelsen. Am fünften Tag wählen wir mit der »Wacholderhöhe« eine leichte Tour. Diese Runde ist von lieblicher Natur mit »schafgemähter« Wacholderheide und Aussichten von der Traufkante oder von Felsen geprägt. Am sechsten Tag starten wir die »Wiesenrunde« mit elf Kilometern und rund dreieinhalb Stunden Gehzeit. Dabei wandern wir im Naturschutzgebiet Irrenberg-Hundsrücken. Auf der Strecke begeistern uns besonders die Aussichten auf die Burg Hohenzollern, die Wald- und Wiesenidylle und die bunte Blumenpracht. Danach heißt es noch einmal alle Kräfte mobilisieren für den »Zollernberg-Panorama« Traufgang. Mit knapp 16 Kilometern und bis zu sechs Stunden Dau-

Die Eyach bietet in ihrem Verlauf immer wieder Postkartenmotive.

Wanderung auf der Schwäbischen Alb mit herrlichem Blick hinüber zur Burg Hohenzollern.

er hat die Tour aber so einige Highlights: der Blick auf die Burg Hohenzollern vom Zeller Horn, dramatische Traufkante mit Felsspornen, Klüften, Beinaheabrissen und wurzelgesäumten Pfaden, das Naturschutzgebiet mit Wacholderheide, der Raichberg-Turm, das Naturdenkmal Hangender Stein und das Flachmoor im Schmiechatal. Wer noch kann, schließt das Ensemble mit dem »Traufgängerle Hexenküche« ab.

## TIPPS & INFOS

**GEEIGNET** als Tagesausflüge, Wochenendtrip oder Mehrtagesausflug.

**START- UND ZIELPUNKTE** Felsenmeerweg Wanderparkplatz Ortseingang Albstadt-Burgfelden
Hossinger Leiter Parkplatz Traufganghütte Brunnental in Albstadt-Laufen
Ochsenbergtour Parkplatz Kälberwiese in Albstadt-Ebingen
Schlossfelsenpfad Parkplatz Kälberwiese in Albstadt-Ebingen
Wacholderhöhe Schützenhaus in Albstadt-Tailfingen
Wiesenrunde Wanderparkplatz Zitterhof in Albstadt-Pfeffingen
Zollernberg-Panorama Parkplatz Stich in Albstadt-Onstmettingen an der L360
Von Mai bis Oktober nutzen Wanderer und Radfahrer den Nauf-Nab-Trauf-Bus. www.traufgänge.de

**ÜBERNACHTEN** www.schwaebischealb.de

**ANREISE** Fernzüge halten in Sigmaringen, weiter mit der Hohenzollerischen Landesbahn. Oder per Fernbus nach Albstadt. www.bahn.de, www.flixbus.de

**EIN MUSS** Besuch in Blaubeuren mit dem Blautopf, der Karstquelle, die lagunenartig zwischen bewaldeten Höhenzügen und schroffen Felsen liegt. www.schwaebischealb.de

# 39 Mit der Bahn durch den Schwarzwald

## Die steilste Zugstrecke Deutschlands

Auf der 90 Kilometer langen und sehr abschüssigen Bahntrasse entdecken wir die großartige Schwarzwaldlandschaft und zweigen mit der Dreiseenbahn zum Titi- und Schluchsee ab.

Wer Bahnstrecken der Superlative erleben will, der muss ganz einfach in den Schwarzwald kommen: Denn die Höllentalbahn ist eine einzigartige Eisenbahnstrecke. Sie beginnt in Freiburg am Hauptbahnhof. Von dort aus passiert sie Kirchzarten und Himmelreich, bevor sie über den berühmten Hirschsprung nach Hinterzarten weiterfährt. Über Titisee, Neustadt, Rötenbach und Löffingen geht es dann weiter bis nach Villingen. Und die Streckenführung ist ebenso wie die Technik dieser höchsten Linie der Deutschen Bahn ganz außergewöhnlich. Auf dem Streckenabschnitt zwischen Himmelreich und Hinterzarten überquert sie nämlich auf einer Strecke von zwölf Kilometern eine Steigung von 400 Höhenmetern und weist dabei Steigungen von bis zu 57 Prozent auf. Steiler wird es auf keiner anderen Strecke Deutschlands! Die herrliche Landschaft ist von den Schienen aus ganz besonders gut zu entdecken. So blicken wir in tiefe Talausschnitte, fahren mitten durch Tannenwälder, sehen – vom leicht erhöhten Standpunkt aus – auf die glitzernden Wasserflächen von Titi- und Schluchsee und erspähen in der Ferne den Feldberg. Eine weitere Besonderheit der Höllentalbahn sind zudem die neun Tunnel und die zahlreichen Brücken. Von denen können wir herrliche Ausblicke über den Schwarzwald und in die Täler genießen. Unter den Brücken ist auch die größte Eisenbahnbrücke des ganzen Schwarzwalds

Der Hochfirst liegt im Südschwarzwald oberhalb des Titisees.

Der Jägersteig beim Schluchsee führt zum sagenhaften Aussichtspunkt Bildstein.

vertreten: die Ravennabrücke. Sie ist stolze 36 Meter hoch und 224 Meter lang, überwindet eine Steigung von zwölf Metern und bietet uns einen ausgezeichneten Blick in die Ravennaschlucht.
Dann machen wir einen Abstecher zum Titisee, dem ehemaligen Moränengewässer, das uns die Eiszeit hinterlassen hat.

Die Ravennabrücke ist Teil der Streckenführung der Höllentalbahn.

Die einzigartige Strecke führt mitten durch den Schwarzwald.

## Einzigartiges Schwarzwaldflair

Mit zwei Kilometern Länge und 700 Metern Breite ist er der größte Natursee im Schwarzwald und mit seinem kristallklaren, dunklen Wasser auf jeden Fall einen Besuch wert. Danach nehmen wir ab Titisee die Dreiseenbahn bis nach Schluchsee-Seebrugg. Dort entschließen wir uns, den See abzusegeln. Aber Vorsicht: Der See entwickelt relativ schnell sehr unterschiedliche Windverhältnisse. Das liegt an der leichten Tallage des Sees. So entstehen dann Turbulenzen und Fallwinde.
Wer sich lieber die Beine vertreten möchte, der wandert die elf Kilometer auf dem landschaftlich sehr eindrucksvollen Jägersteig. Dort oben erwartet uns eine für den Südschwarzwald geologische Rarität und eine einmalige Aussicht: Bei klarer Sicht reicht der Blick über den See bis zum 3614 Meter hohen Tödi in den Schweizer Alpen.
Zurück in Freiburg geben wir uns dann dem südlichen Flair und mediterranen Lebensgefühl hin. Das grüne Tor zum Schwarzwald, wie die Stadt auch genannt wird, punktet

mit mildem, sonnenreichem Klima und viel Grün. Zudem hat sie sich in den Bereichen Solartechnik, Verkehrspolitik, Umwelt- und Klimaschutz weltweit einen Namen gemacht. Freiburgs berühmtester Bau ist das Münster. Das Highlight im Innern ist sicherlich der Hochaltar von Hans Baldung Grien. Ein Besuch des Gotteshauses ist ein Muss – genau wie die Besteigung des 116 Meter hohen Turms mit seiner Aussichtsplattform in 70 Metern Höhe. Von dort haben wir einen herrlichen Ausblick auf die Stadt und in die Region. Eine Fahrt zum Schlossberg mit dem Bähnle ist schon fast Kult. Mit der Schauinslandbahn statten wir dann auch noch Freiburgs Hausberg einen Besuch ab.

## TIPPS & INFOS

**GEEIGNET** als Tagesausflug, Wochenendtrip oder Mehrtagesausflug.

**HÖLLENTALBAHN** www.hochschwarzwald.de, www.bahn.de

**DREISEENBAHN** Mehr über den Dampfzug und den Museumsbahnhof Seebrugg unter www.3seenbahn.de

**FREIBURG** Am besten entdeckt man die Stadt auf eigene Faust. www.freiburg.de

**JÄGERPFAD** Vom Bahnhof Schluchsee-Aha führt der alte Jägerpfad hinauf zum Ahaberg. www.hochschwarzwald.de

**ÜBERNACHTEN** Green City Hotel Vauban mit ökologischer, nachhaltiger und sozialer Ausrichtung. Best Western Hotel Freiburg mit vorbildlichem Umweltschutz. green-city-hotel-vauban.de, www.bestwestern.de

**EIN MUSS** Besuche der Triburger Wasserfälle und bei der größten Kuckucksuhr der Welt. www.schwarzwald-tourismus.info

# 40 Ein Bauernhof im Pfaffenwinkel

## Raus aus dem Alltag

Auf dem Bio-Bauernhof Grasleiten erleben wir hautnah, wie Landwirtschaft in Wirklichkeit abläuft, wie Lebensmittel produziert werden und wie viel Arbeit dafür notwendig ist.

Zwischen München und Garmisch-Partenkirchen im malerischen Pfaffenwinkel liegt das Gut Grasleiten, eine ehemalige Schwaige des Klosters Polling, nahe den Orten Huglfing und Uffing. Der Grünlandbetrieb ist umgeben von großen Wäldern und grenzt an die Grasleitner Moorlandschaft, ein ökologisch wertvolles Hochmoor- und Streuwiesengebiet. Seit mehr als 20 Jahren bewirtschaftet das Gut 65 Hektar Wiese und Weide, 50 Hektar Wald und fünf Hektar Teich und Hofflächen nach den Richtlinien des biologischen Landbaus.

Es gibt etwa 40 Mutterkühe mit Kälbern sowie 50 Mastrinder zur Fleischerzeugung, die den ganzen Sommer lang auf den Weiden stehen. Die Waldpflege ist traditionell die Arbeit in den Wintermonaten. Das Starkholz wird als Bauholz verkauft und das Schwachholz zu Rundholzprodukten verarbeitet, natürlich findet das Holz auch für die eigenen Gebäude Verwendung. Unterhalb des Hofs wurde ein Löschteich angelegt, in dem man heute baden und angeln kann. Gleichzeitig entstanden dabei auch neue Fischteiche mit Karpfen, Forellen, Hecht oder Zander. Wer einen Angelschein besitzt, kann hier sein Glück versuchen. Nach dem Motto »Weg vom Alltag mit Computer und Spielekonsole – raus in die Natur« sieht das Gut den Bauernhof, die Wiesen und Wälder als größte Schatzkiste, die man großen und kleinen Gästen offenbaren kann: bewusster mit Tieren und der Natur umge-

Blick von der Aidlinger Höhe über Murnau und den Riegsee auf den Pfaffenwinkel

Rinderrasse Murnau-Werdenfelser, hier in Aidling bei Murnau

hen. So sehen wir auf dem Hof unmittelbar, wie Landwirtschaft in Wirklichkeit abläuft, wie Lebensmittel produziert werden und wie viel Arbeit dafür notwendig ist.

## Bayernhofidylle im Blauen Land

Wir helfen Bauer Alois beim Füttern der Kühe, wir fahren auf dem Traktor mit und sind vielleicht auch bei der Geburt eines Kälbchens dabei. Pony Wicky und die Esel Suleike und Camillo leisten uns auf unseren Spaziergängen unter weißblauem Himmel Gesellschaft. Hofhund Luna ist unsere ständige Begleiterin, und auch die Katzen lassen sich gerne von uns streicheln, falls sie nicht gerade Mäuse fangen. Die Hasen im begehbaren Hasenstall freuen sich über das Futter, das wir ihnen bringen und die Schafe und Ziegen auf der Weide über unseren Besuch. Abends sitzen wir am Lagerfeuer gesellig zusammen und grillen eine Grasleitner Forelle, die wir gemeinsam mit Bauer Alois gefangen und ausgenommen haben.
Bei heißem und sonnigem Wetter schnappen wir uns ein E-Bike und radeln zum Rothsee, dem Haarsee und zu den Osterseen. Ebenfalls in der Nähe finden wir den Riegsee, den Ammersee oder den Staffelsee am Markt Murnau. Das Murnauer Schloss, das Münter Haus von Gabriele Münter und Wassily Kandinsky und das Murnauer Moos – das größte zusammenhängende Alpenrandmoor Mitteleuropas – mit dem Ramsachkicherl sind einen Besuch wert.

Kulturlandschaft bei Huglfing, im Hintergrund die Ammergauer Alpen

Der Pfaffenwinkel ist reich an Badeseen, darunter der Staffelsee bei Murnau.

Ganz in der Nähe befindet sich außerdem der Soier Barfußparcours: Auf einem wunderschönen knapp zwei Kilometer langen Weg rund um den Moorsee in Bad Bayersoien erfühlen wir auf dem Barfußpfad die unterschiedlichsten Untergründe mit unseren Füßen. Eine besondere Station ist sicherlich das Moortretbecken, bei dem wir das Moor hautnah erleben. Aber der Pfaffenwinkel bietet uns noch mehr Sehenswürdigkeiten: die Klosterkirche Andechs, Benediktbeuern, Bernried, Dießen, Ettal, Polling, Rottenbuch, Steingaden und Wessobrunn, die Schlösser Linderhof oder Neuschwanstein, das Buchheim-Museum in Bernried oder das Franz-Marc-Museum in Kochel.

## TIPPS & INFOS

**GEEIGNET** als Wochenendtrip oder Mehrtagesurlaub.

**GUT GRASLEITEN** Mindestaufenthalt sieben Tage, Kurzurlaub von zwei Tagen auf Anfrage. Brötchenservice wird angeboten. grasleiten.de

**E-BIKES** Verschiedene Anbieter in Weilheim und Murnau. Ladestation E-Bike und E-Auto am Hof. www.meinestadt.de

**ANREISE** Ab München mit der Regionalbahn nach Huglfing. Gäste werden vom Bahnhof abgeholt. www.bahn.de

**MURNAU** Tourismusregion und Markt Murnau unter www.murnau.de

**SOIER BARFUSSPARCOURS** Den Barfußpfad rund um den Moorsee in Bad Bayersoien findet man unter www.dasblaueland.de

**KLOSTERKIRCHEN** Im Klosterportal vom Haus der Bayerischen Geschichte erfährt man viel Wissenswertes rund um die Klosterkirchen. www.bayern.by

**SCHLÖSSER** Mehr über Burgen und Schlösser in Bayern findet man unter www.schloesser.bayern.de

# 41 Gipfelstürmer im Bayerischen Wald

## Acht Tausender an einem Tag

Wir begehen mit der Acht-Tausender-Tour eine der faszinierendsten und sportlichsten Goldsteig-Etappen, bei der sich uns ein grandioser 360-Grad-Rundumblick bietet. Bei klarem Wetter sogar bis zu den Alpen.

Die Fläche des Nationalparks Bayerischer Wald in Bayern umfasst insgesamt 600 000 Hektar und ist somit das größte zusammenhängende Waldgebiet Mitteleuropas. Davon sind über ein Drittel der Fläche als Natur- und Nationalpark ausgewiesen. Hier darf sich die Natur frei entfalten, und der Mensch schaut als interessierter Beobachter zu. Das bedeutet, es gibt im Nationalpark Bayerischer Wald keine wirtschaftliche Nutzung mehr. Die Wälder wachsen ungestört, Flüsse und Bäche suchen sich ihren eigenen, ungebändigten

Lauf. Von alleine vollzieht sich eine natürliche Walderneuerung der drei Waldgesellschaften Bergfichten-, Bergmisch- und Aufichtenwald nach Naturereignissen wie Windwürfen mit nachfolgendem Borkenkäferbefall. Und die sind dann vielfältiger und ursprünglicher als zuvor.

Im Tierfreigelände des Bayerischen Waldes in Niederbayern beobachten wir auf einem mehrstündigen Waldspaziergang in großräumigen Gehegen und Volieren auch heimische Tiere, beispielsweise Fischotter, Käuze, Wildkatzen, Luchse, Uhus, Wölfe, Braunbären, und lernen ihre Lebensweise und ökologische Bedeutung im Bergwald kennen. Das Tierfreigelände ist so konzipiert, dass man einen Waldspaziergang und die Tierbeobachtung in natürlicher Umgebung verbinden kann. Auf über 200 Kilometern markierten Wanderwegen gelangen wir von den Tälern bis zu den Gipfeln vom Großen Arber und vom

Bunt gefärbtes Herbstlaub und Koniferen am Großen Arbersee

Bergsteigerfreuden verspricht der 1080 Meter hohe Mühlriegel bei Arnbruck.

Schwarzeck und erleben unterschiedliche dem Klima angepasste Waldgesellschaften mit ihrer Tier- und Pflanzenwelt. Mehr als 30 Naturerlebnispfade und Lehrpfade bereichern das Angebot. Natürlich findet man auch herrliche Radtouren auf gepflegten Radwegen oder Mountainbike-Touren.
Sich hier für ein Ziel zu entscheiden, ist allerdings sehr schwierig. Denn das Wechselspiel dieser Landschaft und ihre Urtümlichkeit laden permanent zum Verweilen ein.

## Zum König des Bayerischen Waldes

Wir haben uns für ein wenig Himalaya-Flair entschieden. Hinauf auf das Dach des Bayerischen Waldes, denn auch die Berge hier sind echte Charakterköpfe. Nur hat man ihre Gipfel ganz für sich allein. Acht Tausender an einem Tag – ein Abenteuer vor der Haustür! Wir nehmen eine der schönsten, faszinierendsten, aber auch sportlichsten Teilstrecken: die »Goldsteig-Etappe N13«, die direkt oberhalb von Bodenmais verläuft.
Und die Königsetappe des Goldsteigs führt uns in das Herz des größten zusammenhängenden Waldgebirges Europas. Genug Wasser und ausreichend Proviant sind eingepackt. Dazu gute Wanderschuhe, wetterfeste Kleidung, eventuell Wanderstöcke, Kartenmaterial und natürlich eine Kamera haben wir dabei, um die atemberaubenden Aussichten festzuhalten!
Unsere Acht-Tausender-Wanderung starten wir am Eck zwischen den Bayerwald-Gemein-

Auch im Winter kann man im Bayerischen Wald, wie hier am Großen Arber, gut wandern.

Die Eisensteiner Hütte am Großen Arber wartet auf Wanderer.

den Arnbruck und Arrach. Mit über 15 Kilometern und 1044 Höhenmetern dauert sie fast sieben Stunden und führt über acht Gipfel: den Mühlriegel mit 1080 Metern, den Ödriegel mit 1156 Metern, den Schwarzeck mit 1238 Metern, den Reischflecksattel mit 1126 Metern, den Heugstatt mit 1261 Metern, den Enzian mit 1285 Metern, den Kleinen Arber mit 1384 Metern und den Großer Arber mit 1453 Metern. Insbesondere die fantastischen Aussichten im idyllischen Lamer Winkel, ins malerische Zellertal oder vom König des Bayerischen Waldes, dem Großen Arber, hinüber in den Böhmerwald oder hinunter nach Bodenmais lassen unser Wanderherz höherschlagen. Wir finden eine urwüchsige, ursprüngliche und wildromantische Natur. Die ersten vier Tausender erscheinen uns wie ein Spaziergang. Die Landschaft ist kontrast- und abwechslungsreich, und wir passieren baumfreie Zonen, in denen sich aus dem zum Teil meterhohen Gras imposante Felsformationen türmen. Der Weg führt aber auch durch dichten Bergmischwald, über Gebirgskämme und vorbei an Heidelbeersträuchern. Anstrengende Aufstiege zu Gipfelkreuzen wechseln sich mit sanften Abstiegen ab, bei denen wir dann immer wieder mal durchatmen können.
Aber auch gemütlich wird es auf unserer Acht-Tausender-Tour, allerdings eher am Ende der Wanderung. Umgeben von Wäldern liegt die urige Berghütte Schareben auf 1019 Metern idyllisch auf einer Lichtung. Die Hütte hat eine lange Geschichte. Erbaut im Jahr 1846, diente sie jahrzehntelang den Waldarbeitern und dem zuständigen Förster als Unterkunft und Wohnung. Aber seit 1880 steht die Scharebenhütte nahe Bodenmais auch uns als Gasthaus zur Verfügung. Wir stärken uns mit einer deftigen Brotzeit, einem Schweinebraten oder dem Hüttengröstl und einem süßen Kaiserschmarrn.
Nach der Schareben, die unterhalb der Heugstatt mit 1262 Metern liegt, führt unsere Tour hinauf auf den Kleinen Arber. An dessen Südhang liegt eine weitere gemütliche Einkehrmöglichkeit: die Chamer Hütte, auch Schutzhaus Kleiner Arber genannt. Auf der komfortablen Terrasse genießen wir

*Das größte zusammenhängende Waldgebirge Europas.*

bayerische Schmankerl und erfrischende Getränke, bevor wir die letzten Kilometer hinauf auf den König des Bayerischen Waldes in Angriff nehmen. Wir aktivieren die letzten Kräfte für unseren finalen Aufstieg zum Großen Arber. Oben angekommen, fühlen wir uns als Bezwinger der acht Tausender. Unsere Beine sind zwar müde, doch das Gipfelglück und das tolle Gefühl, es ge-

Der kleine Arbersee ist berühmt für seine schwimmenden Inseln.

Das Gipfelplateau am Großen Arber bietet Wanderern eine weite Fläche.

schafft zu haben, entschädigen für die schweißtreibenden Strapazen. Zudem lässt uns die 360-Grad-Rundumsicht über den Bayerischen und Böhmerwald die Anstrengungen der vergangenen Stunden vergessen. Wir sind die Wanderkönige des Bayerischen Waldes! Hier oben rasten wir noch einmal in der Eisensteiner Hütte. Ein barrierefreier Zugang verbindet übrigens die Bergstation der Arber Bergbahn mit dem barrierefreien Panorama-Personenaufzug, über den man die Eisensteiner Hütte erreicht. Wer möchte, fährt mit der Gondel nach unten – letzte Fahrt um 16.30 Uhr – oder übernachtet im Arberschutzhaus, ebenfalls hier auf dem Gipfel. Wer noch Kraft hat, steigt über den Schmugglerweg ab, vorbei an der Diensthütte der Bergwacht zum Sonnenfelsen und weiter zum Brennes oder über die spektakulären Rißloch-Wasserfälle. Natürlich ist es Wanderer-Ehrensache, die markierten Wege nicht zu verlassen und keinen Müll zu hinterlassen. Das Wegegebot gilt vor allem im Auerwild-Schutzgebiet am Kleinen Arber. Dafür entschädigt diese sensible Gipfelregion auch mit einer einzigartigen Natur.
Zur Erholung spannen wir nach der Tour im Silberberg Bade- und Saunapark aus.

## Auf dem Weg bleiben

Mitten im Grünen finden wir den neuen Bade- und Saunapark in Bodenmais. Eingebettet im malerischen Kurpark liegt das neue Panoramahallenbad direkt neben dem idyllischen Freibad mit Blick zum Silberberg. Als Ruhesuchende kommen wir in der Saunalandschaft voll auf unsere Kosten und genießen die herrliche Aussicht zu den tausendjährigen Bergwäldern. Nicht nur im fernen Himalaya, sondern auch im Bayerischen Wald ist es möglich, sich mal ordentlich zu schinden.

## TIPPS & INFOS

**GEEIGNET** als Tagesausflug, Wochenendtrip und Mehrtagesausflug.

**ACHT TAUSENDER TOUR** Infos zur Goldsteig-Etappe N13 unter www.bayerischer-wald.de, www.auerhahn-hoehenloipe.de

**WANDERBUS** 15. Mai –31. Okt. Mo – Fr zwischen Drachselsried/Arnbruck und Lam. Wanderbuslinie Linie VLC 618/RBO 6065, Abfahrt Arnbruck Dorfplatz 10:33 Uhr. Zurück ab Arber Talstation Linie 6198 um 16:36 oder 17:36 Uhr. wandern.arberland-bayerischer-wald.de

**ANREISE BAY. WALD** Mit der Deutschen Bahn, der Oberpfalzbahn, der Waldbahn oder der Ilztalbahn. Mit der GUTi-Gästekarte nutzt man im Bayerischen Wald und der Region den gesamten ÖPNV kostenlos. Die Igelbusse fahren rund um das Nationalparkzentrum Rachel-Lusen und das Nationalparkzentrum Falkenstein. www.bahn.de, www.oberpfalzbahn.de, www.laenderbahn.com/waldbahn, www.ilztalbahn.eu, www.bayerwald-ticket.com

**E-WALD** Kombination von Bahnanreise und Elektro-Auto. www.bayerischer-wald.de

**ÜBERNACHTEN** Nachhaltige Unterkünfte mit Viabono-Zertifizierung und Bayerischem Umweltsiegel unter www.bayerischer-wald.de

**HÜTTEN UND BERGHÄUSER** Einkehrmöglichkeiten unter www.bayerischer-wald.de

# 42 Stille Entdeckungsreise im Allgäu

## Auf römischen Spuren

Erst tauchen wir in die Stille eines besonderen Ortes ein, um dann auf Entdeckungsreise in die älteste schriftlich erwähnte Stadt Deutschlands zu gehen.

In Buchenberg – im idyllischen Allgäu – fand 2014 das Daishin Zen-Kloster auf 30 000 Quadratmetern sein Zuhause. Das Kloster ist ein kraftvoller Ort, der die jahrtausendealte Weisheit von Zen und Meditation mit den modernsten westlichen Methoden der Persönlichkeitsentwicklung verbindet. In einem fortschrittlichen Zentrum werden Seminare und Workshops zu gesundheitsorientierten Aspekten und zur Selbstfindung angeboten. Eingebettet in einer wunderschönen Landschaft erleben wir dort einen Ort des Friedens, der Kraft und Ruhe. Die Zen-Schule bietet außerdem die Möglichkeit, den Zen-Weg unter der Leitung eines Zen-Meisters zu gehen. Dabei ist Zen keine Religion, keine Philosophie, keine Lebensanschauung. Zen ist ein Weg zu sich selbst: Wir schalten ab und tanken Kraft. Wer möchte, kann auch eine Zeit lang ein klösterliches Leben führen. Jeder ist eingeladen, zu kommen, einfach da zu sein, mitzuwirken, an einem Seminar teilzunehmen oder alles von außen zu betrachten. Das Zen-Kloster ist ein Ort, an dem spirituelle Kraft gebündelt wird, aber in erster Linie ein Ort, der Menschen dabei unterstützt, frei zu sein.
Mit frisch getankter Kraft machen wir uns dann auf den Weg nach Kempten, der ältesten schriftlich erwähnten Stadt Deutschlands: Cambodunum – wie sie damals hieß – wurde auf dem östlichen Hochufer der Iller nachgewiesen und wohl um die Zeitenwende gegründet. Im Archäologischen Park Cambodunum (APC-Park) gehen wir auf Entdeckungsreise: Der gallorömische Tempelbe-

Mitten in Kempten liegt der römische Park Cambodunum mit vielen Exponaten.

Die Basilika St. Lorenz in Kempten ist eines der Wahrzeichen der Stadt.

zirk, kleine Thermen und das Forum mit Basilika sind bis heute als Zentrum der einstigen römischen Provinzhauptstadt erkennbar.

## 2000 Jahre Geschichte

Im Tempelbezirk besuchen wir einige Ausgrabungen, diverse Altäre und Tempel, die als originale Überreste und als Nachbau an ihren ursprünglichen Plätzen zu besichtigen sind. Wir erfahren viel über alte Götter, Opfergaben und Kultbauten sowie darüber, wie die Menschen früher gelebt haben. Für den Rundweg mit den Erlebnisstationen laden wir uns die interaktive Cambodunum App herunter. Mit der App erleben wir den römischen Alltag mit beeindruckenden Filmsequenzen, digitalen 360-Grad-Panoramen, 15 Aktiv-Stationen zur Geschichte und einer Quiz-Tour. Danach starten wir unsere Sightseeing-Tour in Kempten und gehen zuerst ins »Wohnzimmer« der Stadt: das topmoderne Kempten-Museum im historischen Zumsteinhaus. Dort wird die 2000 Jahre alte Stadtgeschichte in elf Themenräumen mit audiovisuellen Shows im Zeitraffer neu erzählt. Danach besuchen wir die Basilika St. Lorenz, die als erster großer Kirchenbau Süddeutschlands nach dem 30-jährigen Krieg gilt. Im Innern faszinieren die reiche Ausstattung und die Altäre sowie das geschnitzte Chorgestühl mit seltenen Scagliolaplatten. Gegen den Hunger besuchen wir auf dem Hildegardplatz den Wochenmarkt, auf dem es viele Köstlichkeiten zu probieren gibt.

Das Rathaus von Kempten am Marktplatz wurde 1474 errichtet.

Das Zumsteinhaus ist ein prachtvolles bürgerliches Palais am Hildegardplatz.

Danach gehen wir zum historischen Stadtzentrum. Dort stechen vor allem die Residenz mit ihren Prunkräumen – die ehemaligen Wohnräume des Fürstabts – und der schöne Park hervor. Der Stadtrundgang über die Burghalde und die Bäckerstraße bringt uns vorbei am 66 Meter hohen gotischen Turm der St.-Mang-Kirche bis zum Rathausplatz. Dort treffen wir viele Einheimische, die – wie wir – den Tag beim Sonnenuntergang und einem Aperitif ausklingen lassen.

## TIPPS & INFOS

**GEEIGNET** als Wochenendtrip und Mehrtagesurlaub.

**DAISHIN-KLOSTER** Mehr unter zen-kloster.de

**APC-PARK** Öffnungszeiten März – Nov. Di – So 10 –17 Uhr. Eintritt Erwachsene 4 EUR. Kinder und Familien ermäßigt. www.apc-kempten.de

**KEMPTEN-MUSEUM** Öffnungszeiten Di – So 10 – 18 Uhr. Eintritt ist frei. kempten-museum.de

**KEMPTEN** www.kempten.de

**ANREISE** Egal, welches Verkehrsmittel, das Allgäu ist sehr gut an das europäische Verkehrsnetz angebunden. Vor Ort am besten den ÖPNV oder E-Sharing nutzen. www.kempten.de, www.greenmobility.de

**ÜBERNACHTEN** Biohotel Eggensberger in Füssen, Berghüs Schratt in Oberstaufen, Biohotel Mattlihüs in Oberjoch, Berghofel Ifenblick in Balderschwang. www.biohotels.info

**EIN MUSS** Besuch des Naturparks Nagelfluhkette. Es ist ein Großschutzgebiet zwischen Allgäu und Bregenzerwald. Am besten eine Wanderung mit einem Ranger buchen. nagelfluhkette.info

# 43 Das Achendelta und die Kendlmühlfilzen

## Radtour im Chiemgau

Augen auf für einzigartige Naturschönheiten! Wir radeln auf dem Achentalradweg durch Naturschutzgebiete und Naturjuwelen der ganz besonderen Art: Achendelta, Mettenhamer Filze, Lanzinger und Süssener Moos, Grabenstätter Moos und Kendlmühlfilzen.

Die Mündung der Tiroler Achen in den Chiemsee ist ein in Mitteleuropa einzigartiges Binnendelta! Die Fließgeschwindigkeit wird an ihrer Mündung so weit abgebremst, dass sich das meiste des mitgeführten Materials als Sediment ablagert. Dadurch ändert sich die Form des etwa fünf Quadratkilometer großen Mündungsgebiets ständig und es wächst um ca. einen Hektar pro Jahr. Denn es werden täglich etwa 100 LKW-Ladungen an Kies, Sand und Schwebstoffen – vieles auch nach Niederschlägen – aus dem Gebiet um Kitzbühel in die Tiroler Ache und letztlich in den Chiemsee eingeschwemmt.

Da der Chiemsee gesamt 8000 Hektar groß ist, errechnet man heute, dass in rund 8000 Jahren das Bayerische Meer – wie er auch genannt wird – verschwunden sein wird. Wegen der seltenen Vogelarten wurde 1986 das Achendelta übrigens zur Kernzone des Nationalparks erklärt, die nicht betreten werden darf. In diesem spannenden Binnendelta beginnt auf dem Achentalradweg unsere 73 Kilometer und sechs Stunden lange Radtour. Für das leibliche Wohl sorgen die vielen Einkehrmöglichkeiten in den Ortschaften, die am Weg liegen. In Marquartstein starten wir zunächst an der rechten Uferseite der Tiroler Ache in Richtung Süden. Übrigens liegt oberhalb am Berghang die Burg Marquartstein, der jahrhundertelange Sitz

Die Fahrradtour durch das Achental nach Schleching zählt zu den schönsten Runden im Chiemgau.

Die Birkenallee führt mit sattem Grün hinein in die Kendlmühlfilzen.

des Landgerichts Marquartstein, das die Gebiete links und rechts der Ache, einschließlich Bergen, einem Teil Siegsdorfs und Reit im Winkl umfasste. Unser Weg

*Das am besten ausgebildete Binnendelta in Mitteleuropa.*

führt uns ein kurzes Stück an der Tiroler Ache entlang, bevor wir ins Ortszentrum von Unterwössen abbiegen. Wer möchte, stoppt hier zum ersten Mal und besichtigt die Pfarrkirche St. Martin. Danach umrunden wir südlich einen der schönsten Segelflugplätze Deutschlands, Unterwössen, um dann sofort die Ache in Richtung des Ortes Raiten zu überqueren. Zwischen dem Buchberg, einem Höhenrücken im Achental und dem Naturschutzgebiet Mettenhamer führt unser Weg wunderbar im Schatten großer Bäume entlang. Diese Filze – was übrigens Hochmoor bedeutet – ist ein annähernd unzerstörtes Hochmoor, das von Streuwiesen mit zahlreichen Orchideenarten umgeben ist.

Unsere Tour führt uns weiter direkt an der Tiroler Ache entlang zum Schlechinger Ortsteil Ettenhausen. Hier in Ettenhausen sind wir am südlichsten Punkt unserer Tour, die sich jetzt Richtung Norden nach Schleching wendet. Dort ist die barocke Dorfkirche St. Remigius einen Besuch wert, bevor wir nach Mühlau und Mettenham fahren. Hinter Mettenham liegt ganz in der Nähe unseres Radweges das Naturbad Zeller See. Eingebettet in Wald und Wiesen und umrahmt von mächtigen Gipfeln ein herrlicher Zwischenstopp. Erfrischt lenken wir unser Stahlross ein zweites Mal am Ort Raiten vorbei, bevor wir nordwärts durch das Naturschutzgebiet Lanzinger und Süssener Moos fahren: Mehrere kleine Moore liegen hier eingebettet in eine hügelige Landschaft, die am Ende der letzten Eiszeit von einem gewaltigen Bergsturz geformt wurde.

Nach der bewaldeten Hügellandschaft geht es nun über Wiesen und Felder durch Piesenhausen nach Grassau. Der größte Ort des Achentals war jahrhundertelang das geistliche Zentrum des Tals und die sehenswerte Pfarrkirche Mariä Himmelfahrt die Mutterkirche für zahlreiche Filialkirchen im Tal. Im Norden von Grassau radeln wir entlang eines weiteren Naturjuwels: die Kendlmühlfilzen, eines der faszinierendsten und größten Hochmoore Süddeutschlands. Sie hat sich

Die Kendlmühlfilzen ist ein feucht-nasses Sumpf- und Moorgebiet.

Auf keinen Fall sollte man die Badesachen vergessen, denn das Bayerische Meer, der Chiemsee, eignet sich hervorragend zum Schwimmen.

ursprünglich aus einer Verlandungszone des ehemals weitaus größeren Urchiemsees entwickelt. Seit 1992 steht die Kendlmühlfilzen unter Naturschutz und nur die Natur selbst darf hier Hand anlegen.
Am Rand der Kendlmühlfilzen liegt übrigens die Solepumpstation der ersten Pipeline der Welt! Es gelang nämlich bereits im 17. Jahrhundert, gelöstes Kochsalz – die Sole – von Berchtesgaden und Reichenhall in Holzrohren zu den Salinen im Alpenvorland zu transportieren. Anfang des 19. Jahrhunderts wurde die Leitung sogar bis nach Rosenheim erweitert und das Pumphaus zwischen Grassau und Rottau errichtet. Heute beherbergt es das interessante Museum Salz & Moor mit Details zur Technikgeschichte der Soleleitung und einem naturwissenschaftlichen Teil zum Leben im Hochmoor, das wir natürlich besuchen. Den traumhaften, etwa 800 Meter langen Moorerlebnispfad mit seiner Aussichtsplattform können wir allerdings nur zu Fuß begehen.

Nach dem kleinen Ort Rottau fahren wir dann zwischen den Naturschutzgebieten Kendlmühlfilzen und Rottauer Filzen weiter zum Torfbahnhof. Das imposante, etwa 17 Meter hohe Industriedenkmal in Holzbauweise ist heute ebenfalls ein Museum. Sehr interessant ist die einzige, vollständig erhaltene und funktionstüchtige Torfballenpresse Europas, die uns bei dem Besuch vorgeführt wird.

## Das Schwemmland der Tiroler Ache

Danach geht es die Anhöhe des Westerbuchberges hinauf und auf seiner Nordseite weiter nach Übersee. Eine Augenweide – innen und außen – ist die neugotische Pfarrkirche St. Nikolaus, die auch als Dom des Achentals bezeichnet wird. Beim Ortsteil Feldwies unterqueren wir dann die Autobahn und gelangen kurz darauf an das Ufer des Chiemsees. Der Radweg dreht hier eine Ehren-

Grassau liegt im Landkreis Traunstein am Fuß des Kaisergebirges.

Der ehemalige Torfbahnhof wird heute als Museum genutzt.

runde, bevor wir wieder eine kurze Strecke nach Süden fahren. Vorbei am Naturschutzpavillon des Landesbunds für Vogelschutz geht es weiter nach Moosen, wo der Radweg wieder auf die Tiroler Ache trifft.
Wer jetzt schon zurück nach Marquartstein möchte, folgt dem Achendamm nach Süden. Unser Weg führt uns aber auf dem Achendamm weiter flussabwärts, mitten durch das Naturschutzgebiet Mündung der Tiroler Achen. In Grabenstätt – das übrigens noch vor wenigen Jahrhunderten am Chiemseeufer lag – fahren wir wieder Richtung Süden, vorbei am Naturschutzgebiet Bergener Moos zum Ort Bergen. An mehreren Stellen eröffnet sich uns ein grandioses Bergpanorama mit den Gipfeln der Chiemgauer Alpen: Hochfelln und Hochgern auf der Ostseite des Tals, Geigelstein, Hochplatte und Kampenwand auf der westlichen Seite. Von Bergen aus geht es dann entlang am Südrand von Bergener Moos und Egerndacher Filze nach Staudach, wo der Achentalradweg wieder auf die Tiroler Ache stößt. Wir folgen dem Weg flussaufwärts bis zum Ausgangspunkt Marquartstein. Dort angekommen, sind wir uns einig: Diese Radtour ist ein absolutes Highlight!

## Heimat seltener Tiere und Pflanzen

Wer noch Zeit hat, sollte unbedingt eine Erlebnisbootsfahrt an das Delta der Tiroler Achen machen. Bei diesem Renner unter den unterschiedlichen Naturführungen am und rund um den Chiemsee gehen wir mit ausgebildeten Naturführern und Biologen auf eine dreistündige Abenteuerreise. An der Grenze des Naturschutzgebietes bekommen wir einen Einblick in die Bildung von Neuland und können eine ungestörte Vogelwelt bewundern. Mit Netzen, Binokularen und Ähnlichem untersuchen wir die Unterwasserwelt, was darin lebt und wimmelt, und welchen Einfluss die Jahreszeiten auf den See haben. Sehr spannend.

## TIPPS & INFOS

**GEEIGNET** als Tagesausflug, Wochenendtrip oder Mehrtagesurlaub.
**ACHENTAL-RADWEG** Der bayerische Abschnitt der Ache vom Chiemsee bis zur Grenze bei Tirol verläuft fast durchwegs auf gut ausgebauten, befestigten Wegen abseits von Straßen. Für das Befahren sind E-Bikes, Touren- und Trekkingräder empfehlenswert. www.chiemsee-alpenland.de
**ANREISE** Hauptstrecke München – Salzburg mit dem Bayern-Ticket, Fahrradmitnahme möglich. Weiter mit dem Oberbayernbus 9505. Zusätzlich zu den Zugverbindungen verkehren im Liniennetz Busse und in den Sommermonaten eine Vielzahl lokaler Ausflugs- und Wanderbusse. www.bahn.de, www.chiemsee-alpenland.de
**ÜBERNACHTEN** Der Hagerhof in Eggstädt bietet einen nachhaltigen Urlaub am Chiemsee. www.hagerhof-chiemsee.de
**KENDLMÜHLFILZEN, ACHENTALDELTA, MUSEUM SALZ & MOOR**
www.chiemsee-alpenland.de
**TORFMUSEUM** www.museum-torfbahnhof.de
**ERLEBNISBOOTSFAHRT**
www.chiemsee-alpenland.de

# 44 An den Buchenegger Wasserfällen

## Klippenspringen zwischen steilen Felswänden

Das Allgäu lockt nicht nur mit grünen Almwiesen und atemberaubenden Bergseen, sondern auch mit außergewöhnlichen Wasserfällen. Wir besuchen fünf der Naturschönheiten rund um Oberstaufen.

Wassermassen, die ungebändigt über eine Abbruchkante nach unten stürzen, üben einfach eine große Faszination aus. Am besten gefallen uns natürliche Wasserfälle ohne Betonstufen, Brücken und Wasserleitungen. Ein besonderes Erlebnis sind Kaskaden, die entweder über mehrere Stufen nach unten fallen, sehr breit oder hoch sind, eine geheimnisvolle Höhle hinter dem Wasser verstecken oder in einer außergewöhnlichen Farbe schimmern. Um solche Wasserfälle zu finden, müssen wir auch nicht extra nach Kanada oder Südafrika reisen, denn im Allgäu finden wir einige dieser außergewöhnlichen Wasserfälle.

Die kraftvollen Wassermassen der Buchenegger Wasserfälle sind so ein eindrucksvolles Naturerlebnis. Eingebettet in die wunderschöne Natur bei Oberstaufen, hat sich der Gebirgsbach Weißach tief in die umliegenden Sandsteinschichten gegraben und stürzt zwischen riesigen Nagelfluhwänden tosend über zwei Terrassen in tiefe, dunkelblaue Becken. Im Sommer locken diese Gumpen, wie die Becken genannt werden, zahlreiche Klippenspringer an. Obwohl es nicht gern gesehen und zudem sehr gefährlich ist, wagen es viele, aus fünf Metern Höhe in das obere Becken zu springen. Die Adrenalinjunkies hingegen stürzen sich aus bis zu 30 Metern Höhe in die untere Gumpe. Die weniger Waghalsigen entspannen derweil am kühlen

An heißen Sommertagen verspricht die Weißach herrliche Abkühlung.

Den Bummel durch Oberstaufen sollte man keinesfalls versäumen.

Flussufer, beobachten die Springer oder schwimmen in dem Becken des unteren Falls. Um die Buchenegger Wasserfälle zu erreichen, ist allerdings eine kurze, etwas unwegsame Wanderung durch einen dschungelartigen Naturwald ab dem Bahnhof Oberstaufen nötig.

Die Badeplätze an den Buchenegger Wasserfälle sind ein schönes Picknicks- und Ausflugsziel.

Idylle pur an den Buchenegger Wasserfällen bei Oberstaufen

## Atemberaubende Naturschauspiele

In der Rohrachschlucht, dem größten Naturschutzgebiet im Landkreis Lindau, besuchen wir die Scheidegger Wasserfälle. Sie sind eines der hundert schönsten Geotope Bayerns. Bei diesen Fällen stürzt das Wasser des Rickenbachs über zwei mächtige Gesteinsstufen in die Tiefe: 22 und 18 Meter sind die beiden, fast nebeneinander liegenden Wasserfälle hoch. Es gibt einige Aussichtsplattformen, und die tollste Aussicht haben wir auf der höchsten Plattform, die wir über 273 beschwerliche Stufen erreichen. Aber der Weg lohnt sich! Bei dieser Rundwanderung gelangen wir nach etwa 30 Minuten noch zu einem weiteren, sehr sehenswerten Wasserfall: dem Hasenreuter Wasserfall. Er liegt 1800 Meter über den Scheidegger Wasserfällen und wird ebenfalls vom Rickenbach gebildet. Man kann ihn auch gut mit dem Mountainbike erreichen. Übrigens verzaubern beide Wasserfälle auch im Winter mit einer märchenhaften Landschaft.

Der Hubertobel oder auch Konstanzer Wasserfall liegt bei Thalkirchdorf. Bis 1990 führte ein gut ausgebauter Weg vom östlichen Ortsrand zum Wasserfall. Doch ein Hochwasser spülte den Steg weg, und – man mag es kaum glauben – das Geotop mit einer Fallhöhe von 25 Metern über mehrere Fallstufen geriet in Vergessenheit. Heute gelangen

wir am besten vom östlichen Ortseingang über die Geröllfächer auf einer reizvollen 30-minütigen Wanderung zum Fall.
Vom Oberstaufner Ortsteil Konstanzer gehen wir über den Sämmelalpweg zu dem riesigen und wunderschönen Osterdorfer Wasserfall. Hier fällt das Wasser 40 Meter hinab in die kleine Gumpe. Oben an der Sturzkante erschließt sich uns ein fantastisches Panorama und wir erleben den großen Wasserfall in seiner wahren Pracht. Ein außergewöhnliches Naturschauspiel!

## TIPPS & INFOS

**GEEIGNET** als Wochenendtrip oder Mehrtagesurlaub.
**BUCHENEGGER WASSERFÄLLE** Wanderung ab Bahnhof Oberstaufen. www.oberstaufen.de
**SCHEIDEGGER WASSERFÄLLE** Eintritt für Erwachsene ab 4,50 EUR. Ermäßigungen für Kinder und mit der Allgäu-Walser Card. Öffnungszeiten, Anreise unter www.scheidegg.de
**KONSTANZER UND OSTERDORFER WASSERFALL** Mehr unter www.buchenegger-wasserfaelle.de
**ÜBERNACHTEN** 100 % bio ist das vegetarische Hotel Berghüs in Oberstaufen-Stebis. Auch von Haus aus bio ist das Berghotel Ifenblick, allerdings in Balderschwang. www.biohotel-schratt.de, www.berghotel-ifenblick.de
**ANREISE** Der Bahnhof Oberstaufen liegt mitten im Ort. Es fahren mehrmals pro Stunde Züge von der Bahnlinie München/Ulm – Kempten – Lindau.
**OBERSTAUFEN PLUS CARD** Die Gästekarte inkludiert eine kostenlose Fahrt mit einer Bergbahn nach Wahl in Oberstaufen und Region sowie kostenlose Fahrten mit den öffentlichen Verkehrsmitteln und freie Eintritte in die Oberstaufener Museen. www.oberstaufen.de

# 45 Naturschätze des Tölzer Lands entdecken

## Anschauliche Kräuterkunde

Während eines Kräuterurlaubs in der Umgebung von Bad Tölz entdecken wir mit allen Sinnen die heimische Welt der Kräuter.

Zwischen Isar und Loisach erstreckt sich südlich von München das Tölzer Land. Geprägt von Bergen und Seen, Städten und Dörfern, Gesundheit und Sport lockt die Region mit einem besonderen Erlebnis: Urlaub im Zeichen der Kräuter. So steht das Wissen der Vorfahren wieder hoch im Kurs, und diese Rückbesinnung auf das einfache Leben bedeutet auch, die Schätze der Natur neu zu entdecken. Denn Kräuter begleiten uns auf Schritt und Tritt. Jeder sieht sie, doch kaum einer erkennt sie oder weiß noch um ihre vielfache Wirkung!

So gehört beispielweise die Petersilie, die schon wegen ihres hohen Vitamingehalts sehr gesund ist, heute zu den beliebtesten Küchenkräutern. Im Mittelalter wurde sie weniger zum Würzen als vielmehr zur Linderung von Verdauungsstörungen und Harnwegserkrankungen verwendet. Selbst die heilkundige Äbtissin Hildegard von Bingen hat Petersilie zur Stärkung des Herzens empfohlen und ihre wertvollen Inhaltsstoffe in Wein »ausgezogen«. Auch Dill und Basilikum werden schon lange in der Naturheilkunde genutzt. Beide eignen sich gut für die Zubereitung als Tee. So bewährt sich ein Schwitztee mit Basilikum bei Fieber und als Schleimlöser bei Husten und ein Dilltee zur Linderung von Magen-Darm-Beschwerden sowie zur Stärkung der Nerven. Auch Gartenkresse, die im Frühjahr zur Anregung des Stoffwechsels und zur Kräftigung des Immunsystems gegessen wird, hat weiteren Nutzen: Ihre Wirkstoffe sollen den

Bei einem Lehrgang in Bad Heilbrunn darf man auch Kräuter ernten.

Die Tölzer Altstadt mit der Stadtpfarrkirche St. Mariä Himmelfahrt unweit der Isar

Haarboden stärken und zur Minderung von Haarausfall beitragen. Aber auch mediterrane Gewürzsträucher wie der Thymian haben eine lange Tradition als Heilpflanze. So leistet er bei Erkrankungen der Atemwege mit seinen keimtötenden Eigenschaften gute Dienste.

## Dagegen ist ein Kraut gewachsen

An einer Wiese schwärmen wir während unserer Kräuterwanderung aus, um Kräuter zu sammeln: Unter einer Hecke spitzen winzige Blätter des Giersch heraus, wir pflücken – vorsichtig – die ersten Brennnesseln und erkennen den Löwenzahn, der schon an vielen Stellen wächst. Dann geht es an die Loisach, wo viel Bärlauch – oder Rams, wie die Bayern sagen – wächst und wir mehr ernten, als wir benötigen. Unsere Kräuterpädagogin erklärt den Wert der einzelnen Pflanzen für die Gesundheit, erläutert den Geschmack und gibt Tipps für Kräutergerichte: In Lasagne kann man beispielsweise gut Kräuter verstecken, eine Tomatensuppe damit aufpeppen, und auch fürs Risotto sind sie passend. Wir erhalten Tipps für einen frisch gemixten Kräutersaft, der mit einem Apfel und einer Banane zum grünen und gesunden Smoothie wird. Das und viel mehr lernen wir von ausgebildeten Kräuterpädagogen, die uns im Tölzer Land für die Vielfalt der Kräuter begeistern. Ihr Anliegen ist es, Kenntnisse über die heimische Kulturlandschaft weiterzugeben und Jung und Alt für die Natur zu sensibilisieren.

Die Kräuterspirale ist nur ein kleiner Teil des großen Kräuter-Erlebnis-Gartens in Bad Heilbrunn.

Südlich von Lenggries werden die Berge, wie hier das Brauneck, langsam immer höher.

So erleben wir »Kräuter satt« in den Kräuterorten Bad Heilbrunn, Bad Tölz, Benediktbeuern, Jachenau, Kochel am See, Lenggries und Wolfratshausen. Bei geführten Kräuterführungen, Kräuterwanderungen, beim Kräuter-Radeln, in Kräuter- und Meditationsgärten, bei Seminaren und Workshops oder im Kräuter-Erlebnis-Park! In Lenggries auf dem Brauneck suchen wir per GPS Almblumen und Almkräuter und begegnen Bergkräutern mit ihren Besonderheiten. Auf der Stie-Alm am Brauneck besuchen wir außerdem einen liebevoll angelegten Bergkräutergarten. Es ist herrlich! Wir haben den Duft der würzigen Wiesenkräuter in der Nase und die Berge und Seen im Blick.

## TIPPS & INFOS

**GEEIGNET** als Tagesausflug, Wochenendtrip oder Mehrtagesurlaub.

**KRÄUTERERLEBNIS** Die Kraft der Kräuter kennen lernen. www.toelzer-land.de

**TÖLZER LAND** Neben Kräutererlebnissen bietet die Region Kirchen, Begegnungen mit Kunst und Natur, Fotowanderungen, Kunstspaziergänge auf den Spuren von Franz Marc am Kochelsee und Gesundwandern im Heilklimapark. Oder man begrüßt die Sonne am Gipfel des Herzogstands, versucht auf einem der idyllischen Seen Yoga auf SUP-Boards und besucht in spiritueller Atmosphäre die Klöster Schlehdorf und Benediktbeuern. www.toelzer-land.de

**ANREISE BAD TÖLZ** Stündlich mit der Bayerischen Regiobahn (BRB) von München Hauptbahnhof. In Bad Tölz Buslinie in Form eines Ringverkehrs. Mit einer gültigen Kur- und Gästekarte ist die Benutzung kostenlos. www.bahn.de, www.brb.de

**ÜBERNACHTEN** Der Benediktenhof ist biozertifiziert. benediktenhof.de

**ÜBRIGENS** Der Benediktenhof holt seine Gäste vom Bahnhof Bad Tölz oder Lenggries ab.

# 46 Höhlentour in der Fränkischen Schweiz

## Die Wiesent – mal flott, mal gemächlich

Von sanften Stromschnellen getrieben und zwischen den spitzen Kalkfelsen auf der Wiesent beinahe schwerelos entlanggleitend, entdecken wir im Wiesenttal auf einer Packraft-Tour die Oswald- und Wundershöhle.

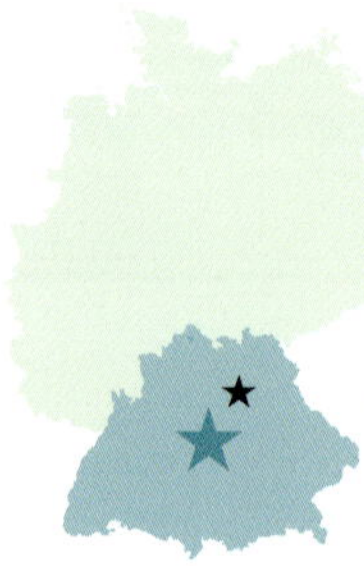

Als Paradies für Wanderer, Kletterer und Pilger ist die Region Fränkische Schweiz mit ihren Burgen, Höhlen und Mühlen schon lange bekannt. Aber auch auf dem Wasser kommt man hier voll auf seine Kosten. Denn zwischen dem 1. Mai und dem 30. September kann man auf der Wiesent im idyllischen Wiesenttal Kanu oder Kajak fahren und dabei die schönsten Sehenswürdigkeiten und die wunderschöne Natur der Region genießen.

Die Wiesent mit ihrer Flussschleife bei Behringersmühle bietet hier zudem beste Voraussetzungen für eine Packraft-Tour! Dabei folgen wir nach einer vier Kilometer langen Wanderung, auf der wir die Oswald- und Wunderhöhle erforschen, einer 13,5 Kilometer langen Paddeltour zurück zum Ausgangspunkt.

Nachdem wir uns das gesamte Paddelgepäck auf den Rücken geschnallt haben, geht es ab Muggendorf auf Pfaden, über Stufen und ein paar schöne Aussichtspunkte steil hinauf zur Oswaldhöhle. Die Durchgangshöhle liegt am Hohlen Berg und gehört ursprünglich zur Witzen- und Wunderhöhle. Allerdings wurden die Höhlen bei der Taleintiefung der Wiesent voneinander getrennt. Im Eingangsbereich der etwa 62 Meter langen Höhle erkennen wir Mauerreste aus der Zeit des 30-jährigen Krieges. Damals fanden die Bewohner Muggendorfs in der Höhle Zuflucht. Über dem Eingangsportal entdecken wir die Gedenktafel für die ersten Höhlenforscher Esper, Goldfuß und Rosenmüller. Die Decke des ersten Raums spannt

Der Gasthof Stempfermühle liegt direkt an der Wiesent bei Gößweinstein.

Genetisch gehört die Oswaldhöhle mit der Witzen- und Wundershöhle zusammen, die Wiesent trennte sie im Lauf der Zeit voneinander.

sich bestimmt über 20 Meter und wird dabei von zwei Felspfeilern gestützt. Allerdings geht die Deckenhöhe dann runter bis auf 1,50 Meter. So heißt es: Kopf einziehen!

Die Ruine Neideck erhebt sich hoch über das Tal der Wiesent.

Blick von Oberweilersbach bei Forchheim auf das fränkische Wiesenttal

## Höhlenforscher unterwegs

Direkt neben der Oswaldhöhle erwartet uns ein weiterer Eingang: die Wundershöhle. Vom großzügigen Eingangsraum geht allerdings nur ein kleiner Tunnel, den wir hinabkrabbeln, in die Höhle. Dieser dunkle Gang weitete sich aber nach wenigen Metern und wir stehen auf einem ca. eineinhalb Meter hohen Vorsprung. Nachdem wir diesen hinuntergeklettert sind, nehmen wir einen weiteren Gang, der in einem großen Raum endet. Von dort gibt es wiederum weitere Gänge, die wir erkunden! Was für ein Abenteuer!
Nachdem unser Forscherdrang befriedigt ist, wandern wir über das Quackenschloss und den Adlerstein – einen hölzernen Aussichtsturm – nach Engelhardsberg und weiter zur Versturzhöhle Riesenburg. Die Riesenburg ist die faszinierende Ruine einer Karsthöhle und auf jeden Fall einen Stopp wert.
Und direkt unterhalb fließt auch schon die Wiesent! Nur ein paar Meter von der Riesenburg entfernt befindet sich bei einer Fußgängerbrücke eine markierte Ein- und Aussetzstelle. So machen wir uns bereit für den zweiten Teil unserer spannenden Tour. Nachdem wir das Packraft hergerichtet und eingesetzt haben, trägt uns die Strömung schnell voran. Schwallstrecken und kleinere

Stromschnellen wechseln sich mit ruhigeren Abschnitten ab, kleine Mühlenwehre unterbrechen aber unsere Fahrt. Wer möchte, kann dort auch einkehren. Kurz vor Muggendorf müssen wir nur noch ein etwas wilderes Naturwehr überwinden. Aber getragen durch die einzigartigen Eindrücke der Natur, die in voller Blüte steht, überwinden wir auch noch das Naturwehr vor Muggendorf, bevor unsere Genuss-Tour zu Ende ist.

## TIPPS & INFOS

**GEEIGNET** als Tagesausflug oder Wochenendtrip.

**PACKTOUR** Zahmwasser und kurze, einfache Wildwasserabschnitte mit WWI wechseln sich ab. Unbedingt auf den Pegel achten! Die Strecke umfasst ca. 4 plus 13 Kilometer und dauert zwischen sechs und acht Stunden. Befahrungsregeln: Nur vom 1. Mai bis 30. Sept. 9 – 17 Uhr. www.hnd.bayern.de, www.fraenkische-schweiz.com

**HÖHLEN** Mehr über die Höhlen unter www.fraenkische-schweiz.com

**ANREISE** Die Fränkische Schweiz ist über die Hauptrouten Nürnberg, Bamberg oder Bayreuth-Nürnberg erreichbar. Von Forchheim fährt auch die Regionalbahn bis Ebermannstadt. An Sonn- und Feiertagen zwischen Mai und Oktober hat sie Anschluss an die Museumsdampfbahn nach Streitberg, Muggendorf und Behringersmühle. Ab Ebermannstadt gibt es ganzjährig Busverbindungen innerhalb der Fränkischen Schweiz. www.bahn.de

**ÜBERNACHTEN** Das Bio Refugium Betzenstein bietet Ferienwohnungen. www.bio-design-ferienwohnungen.de

# 47 Augsburger Wasserglanz

## Fortschrittliche Technik, 400 Jahre alt

Wir entdecken die Fuggerstadt und erleben das innovative und nachhaltige Augsburger Wassermanagement-System, das von einem beispielhaften Umgang mit der lebensnotwendigen Ressource Wasser zeugt.

In Augsburg ist der nächste See, Fluss oder Kanal glücklicherweise nie weit weg. An heißen Sommertagen findet man nicht nur in Freibädern oder Seen Abkühlung. Manche springen sogar in den Proviantbach und lassen sich von der Strömung einige Kilometer weit durch die Stadt treiben. Und mehr als 20 öffentliche Trinkwasserbrunnen im Stadtgebiet sorgen jederzeit für Erfrischung.
Man sieht, Wasser spielt in Augsburg eine wichtige Rolle. Kein Wunder, denn das Augsburger Wassermanagement-System wurde 2020 zum UNESCO-Welterbe und basiert auf der funktionalen Einheit von insgesamt 22 Objekten, die wir alle entweder mit dem Rad oder zu Fuß besuchen und besichtigen können. Einige dieser Objekte zeugen vom Stolz Augsburgs auf seinen Wasserreichtum, so wie der Herkulesbrunnen des Adriaen de Vries von 1602. Oder das Wasserwerk am Roten Tor mit seinen drei Wassertürmen, das wahrscheinlich älteste bekannte Wasserwerk Mitteleuropas. Auch das Stadtmetzg, im Jahre 1609 von Elias Holl errichtet, zeugt von der damals höchst innovativen Verwendung von (Kanal-)Wasser: Der Vordere Lech wurde durch das Gebäude geleitet, um das Fleisch zu kühlen und die Abfälle zu entsorgen. Auch die Lechkanäle, die sich durch die Stadt ziehen, liefern seit über 1000 Jahren Energie. Sie waren unverzichtbar für die Wasserver-

Die Fuggerei bildet eine Enklave des sozialen Wohnungsbaus unweit des Stadtzentrums.

Stege führen zu den Wohnhäusern in der Wasserstadt Augsburg.

sorgung der vielen Handwerksbetriebe, die mit Mühlrädern ihre Maschinen antrieben, und später für die Fabriken und die Stromerzeugung. Aber auch die Kraftwerke, die teilweise aus dem Jahr 1901 stammen, sind nicht nur wegen ihrer einzigartigen Architektur sehenswert.

## Eintauchen und entdecken

Natürlich hat Augsburg noch viel mehr zu bieten, so beispielsweise die Fuggerei. Die Reihenhaussiedlung stiftete Jakob Fugger »der Reiche« im Jahr 1521 für bedürftige Augsburger. Seitdem erfüllt sie ununterbrochen ihren Stiftungszweck: Menschen mit geringem Einkommen wohnen für 88 Cent Jahreskaltmiete und täglich drei Gebete in der Fuggerei. Bei unserem Besuch erleben wir in dieser ältesten Sozialsiedlung der Welt (!) eine äußerst spannende Reise in die Geschichte – und erleben den heutigen Alltag der 150 Fuggereibewohner. Mit einer Größe von 15 000 Quadratmetern nimmt die Fuggerei eine ziemlich beachtliche Fläche nahe der Augsburger Innenstadt ein. Allerdings ist das Areal seit jeher durch eine Mauer von seiner Umgebung abgegrenzt und schließt bis heute um 22 Uhr seine Pforten.
Ein weiteres Highlight in Augsburg ist das Renaissancerathaus. Der Adler am oberen Zipfel des Gebäudes symbolisiert die Reichsunmittelbarkeit der Stadt. Darüber thront aus reinem Kupfer das Wahrzeichen Augsburgs: die Zirbelnuss. Im zweiten Obergeschoss des Rathauses finden wir eines der bedeutendsten deutschen Kulturdenkmäler der Spät-

Der Hochablass Damm am Lech im südlichen Augsburg.

Rathausplatz in Augsburg mit Renaissancerathaus und Perlachturm

renaissance: Der Goldene Saal – 14 Meter hoch mit insgesamt 550 Quadratmetern – grenzt an vier Fürstenzimmer und ist eine absolute Augenweide.
Und wer kennt sie nicht: Jim Knopf oder Urmel mit ihren Aufführungen in der »Augsburger Puppenkiste«. Jedes Mal, wenn wir an der Puppenkiste vorbeilaufen, wird das »Nostalgiefeuer« in uns entfacht, denn die Vorführungen sind einfach märchenhaft! Wer keine Karten für eine Vorführung ergattert hat, geht ins Puppenkistenmuseum und schwelgt dort ein bisschen in der Vergangenheit.

## TIPPS & INFOS

**GEEIGNET** als Tagesausflug oder Wochenendtrip.
**WASSERSYSTEM** Die Adressen und Öffnungszeiten der Objekte des UNESCO-Welterbes unter wassersystem-augsburg.de
**FUGGEREI** Seit 500 Jahren einzigartig. www.fugger.de
**AUGSBURGER PUPPENKISTE** Normalerweise sind die Vorstellungen bis zu drei Monate im Voraus ausverkauft. Spielplan, Öffnungszeiten und Ticketverkauf unter www.augsburger-puppenkiste.de
**AUGSBURG** Informationen rund um Augsburg unter www.augsburg.de
**ÜBERNACHTEN** Im Augsburger Domviertel ist aus einem leerstehenden Haus mit viel Liebe und Arbeit von Künstlern, Kirche sowie Anwohnern das nachhaltige Sozialhotel »Grandhotel Cosmopolis« entstanden. Seit 2015 leben hier Flüchtlinge und Hotelgäste unter einem Dach. Café, Bar und Rosengarten sind Treffpunkte für alle Bewohner. www.grandhotel-cosmopolis.org
**ANREISE** Mit swa Bus und Tram erreicht man Augsburg bequem und komfortabel. Ansonsten mit der Bahn oder mit dem Fernbus. www.sw-augsburg.de, www.greenmobility.de

# 48 Spektakuläre Natur im Berchtesgadener Land

## Berge, Seen und Seilbahnen

In Deutschlands einzigem Alpen-Nationalpark Berchtesgaden eröffnen sich uns aufsehenerregende Naturlandschaften, ein Schicksalsberg und Traumsee, die Geschichte des Salzbergwerks sowie die Grande Dame der Seilbahnen.

Hoch, wild, schön – kreisende Steinadler, außergewöhnliche Landschaften und leuchtend blauer Enzian. Und der Schicksalsberg »König Watzmann« thront über dem Berchtesgadener Talkessel und blickt hinab auf sein Reich, den Nationalpark Berchtesgaden. Im einzigen Alpen-Nationalpark Deutschlands finden zahlreiche seltene Tiere und Pflanzen ein Zuhause, denn seit 1978 steht im Nationalpark Berchtesgaden der Schutz der Natur im Vordergrund. Die Naturschutzzone mit etwa 21 000 Hektar ist ein unberührter Fleck Natur, in dem der Mensch in den Hintergrund tritt und auch nicht eingreift. So konnte sich eine einzigartige Tier- und Pflanzenwelt ihren Platz in den Berchtesgadener Bergen zurückerobern.

Auf 260 Kilometern gut ausgebauten Wanderwegen und alpinen Steigen dürfen wir uns in der ungezähmten Natur bewegen! Wir beginnen unsere Urlaubswoche mit einer ca. dreistündigen Wanderung durch das Wimbachtal zur Wimbachgrieshütte. Wir starten an der Wimbachbrücke und wandern entlang des Wimbachs. Der Weg führt uns auch durch die 200 Meter lange, eindrucksvoll tosende Wimbachklamm, die zu Füßen des Watzmanns mit seinem gewaltigen Schuttstrom, dem berühmten »Gries«, liegt. Übrigens wurde damals der erste Steg der Klamm von Ramsauer Holzknechten zur

Die 1928 erbaute Predigtstuhlbahn in Bad Reichenhall ist bis heute eine Attraktion.

Die Wallfahrtskirche St. Bartholomä am Königssee mit der Watzmann-Ostwand ziert so manchen Kalender.

Mit der Jennerbahn erreicht man leicht Gipfelziele im Nationalpark Berchtesgaden.

Der Hintersee mit dem Hochkalter ist eines der beliebtesten Ausflugsziele im Berchtesgadener Land.

Holztrift für die Saline angelegt. Am Ausgang der Klamm steigen wir rechts zum Hauptweg hinauf, dem wir weiter nach links folgen. Entlang am mächtigen Wimbachgries gelangen wir so zum Wimbachschloss – dem ehemaligen Jagdschloss von Prinzregent Luitpold – und weiter zur Wimbachgrieshütte. Und es stimmt: Die Wanderung durch die Wimbachklamm ist zu Recht Bayerns schönster Wanderweg!

## 21 000 Hektar unberührte Natur

Am nächsten Tag lassen wir es ruhig angehen und entscheiden uns, mit der Bahn auf den Jenner zu fahren. Die Jennerbahn ist eine weitgehend barrierefreie und komfortable 10er-Kabinenbahn, die nahezu geräuschlos unterwegs ist, und das bis auf 1800 Meter. Am Gipfel des Jenners öffnet sich uns dann der einzigartige »Königsblick«: eine herrliche Aussicht auf den Königssee, den Watzmann und auf große Teile des Nationalparks! Wir nehmen uns auch Zeit für die offizielle Informationsstelle des Nationalparks »Das ist der Gipfel«, die sich oben an der Bergstation befindet. Interaktiv erfahren wir auf humorvolle Weise, wie es Tiere und Pflanzen schaffen, unter den schwierigen Bedingungen zu überleben, und dass der Mensch in dieser einmaligen Gebirgslandschaft nur Gast ist. Nach unserem Rundgang am Gipfel steigen wir bei der Talfahrt an der Mittelsta-

tion aus und nehmen den 45-minütigen Speicherteich-Rundweg hinunter zum großen Speicherteich.
Am nächsten Morgen fahren wir mit dem Alm-Erlebnisbus durch das Klausbachtal hinauf zum Hirschbichlpass. Unsere Talwanderung führt uns dabei über die Bindalm, vorbei an der Nationalpark-Infostelle Engert und über die neue spektakuläre Hängebrücke. Die elegante, 51 Meter lange architektonische Attraktion ist in elf Metern Höhe aufgehängt und hat eine Tragkraft von 400 Personen! Unsere Tour endet heute mit einem Besuch der Nationalpark-Infostelle Hintersee mit ihrem Naturerlebnisgelände.

## Im Vordergrund: der Schutz der Natur

Der dritte Tag steht im Zeichen der Geschichte: die Besichtigung der Dokumentationsstelle zur Geschichte des Dritten Reiches am Obersalzberg. Informativ und objektiv schildert die multimediale Ausstellung die Geschichte des Obersalzbergs in Verbindung mit der nationalsozialistischen Diktatur. Von den oberirdischen Bauten ist heute nichts mehr zu sehen, aber ein Teil des Bunkersystems kann noch besichtigt werden. Anschließend fahren wir mit dem Bus die Bergstraße zum Busparkplatz Bergrestaurant Kehlsteinhaus, dem ehemaligen Machtsymbol des NS-Regimes. Weiter geht es mit dem Aufzug im Inneren des Obersalzbergs, der uns in 41 Sekunden 124 Meter hoch auf 1834 Meter bringt. Er ist in einen mit Naturstein ausgeschlagenen Tunnel eingebaut worden, um das Kehlsteinhaus bequem zu erreichen. Dort oben klettern wir bei 200 Kilometern Fernsicht auch noch die angrenzende Felsformation hinauf.
Früh am nächsten Morgen lassen wir uns auf dem fjordartigen Königssee mit seinem smaragdgrünen Wasser auf leisen Elektrobooten in eine majestätische Umgebung entführen. Übrigens wird der Königssee bereits seit 1909 elektrisch befahren. Während wir hinüber zur weltberühmten Wallfahrtskirche St. Bartholomä gleiten, lockt der Bootsführer mit einem Flügelhorn das weltberühmte Königssee-Echo aus der steilen Felswand. Auf unserer Wanderung zur Eiskapelle am Fuße der berüchtigten Watzmannostwand begleitet uns ein fantastisches Bergpanorama. In weiteren 20 Bootsminuten erreichen wir dann noch die Haltestelle Salet, das hintere Ende des acht Kilometer langen Königssees. Traumschön liegt hier der Obersee, der einst durch eine Moräne

*Natur pur in Deutschlands einzigem Alpen-Nationalpark.*

Die Hängebrücke führt uns sicher über den Klausbach.

Die Bindalmen unter den Mühlsturzhörnern sind denkmalgeschützt und liegen mitten im Nationalpark.

vom Königssee getrennt wurde. Von seinem südlichen Ende gehen wir etwa 30 Minuten zum Röthbach-Wasserfall: Über 400 Meter stürzen die Wassermassen hier die Felsen hinab.
Gespannt starten wir am nächsten Tag zu unserem persönlichen Highlight: einer Tour auf den Watzmann. Er ist Deutschlands zweithöchster Berg, mächtig, markant, schicksalsträchtig und zählt zu einem der schönsten Berge der Welt. Als Einstieg wandern wir von Hammerstiel in Schönau am Königssee über den »AV-Weg 632« auf gut gekennzeichneten Wegen zur Stubenalm und weiter zum Watzmannhaus. Für die Tour brauchen wir gute Kondition und Bergerfahrung. Eine Besteigung oder Überschreitung der Watzmanngipfel ist nur in Begleitung eines Watzmannführers zu empfehlen, denn sie erfordert neben Kondition auch bergsteigerisches Können und Erfahrung.
Nostalgie auf Bairisch – so gehen wir in den letzten Tag. Im Solekurort Bad Reichenhall fahren wir mit der ältesten noch im Originalzustand erhaltenen Seilbahn der Welt. Die »Grande Dame der Alpen« fährt uns zweieinhalb Kilometer hinauf auf den 1614 Meter hohen Predigtstuhl – wobei wir einen traumhaften Ausblick auf Bad Reichenhall und die umliegende Bergwelt genießen.

## Erlebnistour durch die Stollen

Zurück in Berchtesgaden machen wir uns dann auch noch auf die beeindruckende Reise in das Innere des Salzbergs. Wir erleben hautnah, wie schon seit hunderten von Jahren im Salzstollen das Salz im Nassabbau gewonnen und in der Saline Bad Reichenhall zum beliebten »Bad Reichenhaller« Speisesalz weiterverarbeitet wird.
Eines ist uns nach dieser Woche klar geworden: Es braucht noch viele weitere Besuche, um unser Lieblingsurlaubsziel ausgiebig zu erkunden.

## TIPPS & INFOS

**GEEIGNET** als Tagesausflug, Wochenendtrip und Mehrtagesausflug.
**NATIONALPARK BERCHTESGADEN** stellt auch für Menschen mit Behinderung einige Angebote wie beispielweise barrierefreie Führungen bereit. Details sind im »Haus der Berge« in Berchtesgaden erhältlich. Weitere Informationen – auch über Wandertouren, den Königssee, das Salzbergwerk usw. – unter www.berchtesgaden.de
**ANREISE** Mit der Bahn unter »Fahrziel Natur« bis Endstation Berchtesgaden an der Strecke München – Berchtesgaden. Die Busse der Region Berchtesgaden-Königssee und die Stadtbusse in Bad Reichenhall kann man mit der jeweiligen Gästekarte kostenfrei nutzen. Die Alpenstadt Bad Reichenhall und der Markt Berchtesgaden gelten übrigens als Alpine Perlen. www.bahn.de, www.alpine-pearls.com
**SEILBAHN** Mehr über die Predigtstuhlbahn und die beeindruckende Bergwelt unter www.predigtstuhlbahn.de
**ÜBERNACHTEN** Das Hotel Rehlegg ist seit 2017 als erstes Hotel in Oberbayern klimapositiv. www.rehlegg.de

# 49 Im Jurassic Park im Altmühltal

## Was war wann?

Auf dem Abenteuerpfad durch einen wunderschönen naturbelassenen Wald erleben wir eine spannende Reise durch die Erdzeitalter und bestaunen in der Museumshalle das einzige Originalskelett eines jugendlichen T. Rex und den ältesten Archäopteryx.

Das Altmühltal liegt im Herzen Bayerns und ist als Urlaubsziel zum Radfahren, Wandern oder für Wasserwanderungen immer noch ein Geheimtipp. Die Altmühl, die dem Naturpark seinen Namen gab, windet sich vorbei an steilen Felsen und einigen Burgen durch Mittelfranken, Schwaben, Oberbayern, Niederbayern und die Oberpfalz. Die Region gilt außerdem bei Archäologen als bedeutende Fossilienfundstätte. So fanden Dino-Forscher hier eines von weltweit nur zwölf Skeletten des berühmten Urvogels Archäopteryx. Dieses Exemplar ist aber älter als alle bisher bekannten Stücke. Gleich bei Denkendorf finden wir dann ein Paradies für Jurassic-Fans und Hobby-Paläontologen: Das Dinosaurier Museum Altmühltal. Auf einer Fläche von rund zwölf Hektar erleben wir in einer Mischung aus Museum und Freizeitpark eine faszinierende Zeitreise durch die Erdgeschichte. Denn der Park vermittelt uns einen Eindruck davon, wie es gewesen sein könnte, als Tyrannosaurus Rex und seine Artgenossen die Erde bevölkerten. Die zehn Meter hohe Dino-Figur an der Einfahrt gibt uns einen ersten Vorgeschmack auf das, was uns im bayerischen Jurassic Park erwartet. 70 lebensgetreue Dinosauriermodelle ragen am Rande des Erlebnispfads empor, der sich durch den Mischwald schlängelt. Sie lauern

Kinder lieben es, Fossilien zu suchen und dabei Steine zu klopfen.

In Lebensgröße wirken die Dinos im Jurassic Park schon ganz schön authentisch.

zwischen den Bäumen oder tauchen aus Teichen am Wegrand auf. Ein Flugsaurier hängt zwischen den Baumwipfeln mit weit geöffnetem und bunt gemustertem Maul. Auf unserem Weg erkennen wir an den hölzernen Torbögen, in welchem Zeitalter wir uns gerade befinden. Dort ist nämlich eingeritzt, ob wir auf unserer eineinhalb Kilometer langen Strecke gerade an Trias, Jura, Kreide- oder Erdneuzeit vorbeigehen.

Alleine schon das zauberhafte Tal der Altmühl ist immer eine Reise wert.

Es gibt verschiedene offizielle Stellen, um in einem Steinbruch Fossilien zu sammeln.

## Als Dinos die Erde bevölkerten

Nachdem wir die Dinos in freier Wildbahn besucht haben, sehen wir uns die Ausstellung mit echten Fossilien in der Museumshalle an. Dort finden wir das Skelett eines jungen T. Rex – genannt Rocky – und eine weitere Sensation: eine Riesenschildkröte, für die es scheinbar noch keinen offiziellen Namen gibt. Hier heißt sie »Killerschildkröte«, obwohl sie nur 75 Zentimeter lang ist, was unter Sauriern wahrscheinlich eher als zwergwüchsig gegolten hat. Gefährlich scheint sie dennoch gewesen zu sein, denn ihr Unterkiefer sieht aus wie ein Fleischerhaken. Dann gehen wir sozusagen auf Du und Du mit einem T. Rex. Denn Teile des Schambeins und ein Oberschenkelknochen von Rockys Skelett sind auf Podesten – kaum zu glauben – zum Anfassen drapiert! Danach machen wir uns noch, mit Hammer und Meißel ausgestattet, selbst auf die Suche nach versteinerten, 150 Millionen Jahre alten Fossilien.
Wer davon nicht genug bekommen kann, besucht gleich noch die in der Nähe liegenden Fossiliensteinbrüche auf dem Blumen-

berg und bei Schamhaupten. Auf dem Blumenberg bei Eichstätt wurden bereits über 800 verschiedene Fossilienarten gefunden. Bevor wir uns wieder auf den Heimweg machen, besuchen wir noch den Limesstein und die Limesbuche, deren Alter auf 350 bis 500 Jahre geschätzt wird. Durch das Gemeindegebiet von Denkendorf verläuft die einstige Grenze zwischen der römischen Provinz Raetien und dem freien Germanien, der Limes. Spuren dieser Grenzmauer sind noch gut zu erkennen. Auch interessant ist das Freundschaftsdenkmal *Hans und Natascha*, das für die intensive Beziehung zwischen Moskau und Denkendorf zu Zeiten des Eisernen Vorhangs steht.

## TIPPS & INFOS

**GEEIGNET** als Tagesausflug oder Wochenendtrip.
**DINOPARK BAYERN** April – Okt. tgl. 09 – 18 Uhr. Nov. – März Mi – Fr 11 – 16 Uhr. So/Fei 10 – 16 Uhr. Das Museum wird aus regenerativen Energien klimatisiert. Erwachsene zahlen 19,50 EUR, Familien und Kinder weniger. www.dinopark-bayern.de
**ANREISE** Mit dem Bus vom Bahnhof Ingolstadt und Kinding nach Denkendorf-Dinopark. www.bahn.de
**FOSSILIENSTEINBRÜCHE** Mehr über die Steinbrüche auf dem Blumenberg und bei Schamhaupten unter www.naturpark-altmuehltal.de
**ÜBERNACHTEN** Im Naturama Beilngries hat man die Auswahl zwischen Tiny Houses, Schäferwagen, Fass oder Mobile Home. Wer es etwas komfortabler mag, kommt im » Millipp« unter. Hier wurde bei der Renovierung besonderer Wert auf den Erhalt der historischen Details gelegt. naturama-beilngries.de, www.der.millipp.de

# 50 Mit dem E-Bike durchs Karwendel

## Auf und nieder immer wieder

Auf unserer E-Bike-Tour radeln wir von Mittenwald entlang der Isar zu den Wikingern in die bayerische Karibik und zurück über die verspielte Landschaft der Buckelwiesen.

Eingebettet zwischen Wetterstein, Kranzberg und Karwendel liegt in Oberbayern der malerische Luftkurort Mittenwald auf 922 Metern Höhe. Vor Jahrhunderten war Mittenwald das Handelstor zum Süden und erlangte später durch den Geigenbau Berühmtheit. Das historische Zentrum des Ortes zeugt von der Blütezeit, und die alten Traditionen werden hier bis heute bewahrt. Für uns ist es der schönste Ortskern der gesamten Karwendelregion in Bayern.

Wir starten unsere Tour am Bahnhofsplatz in Mittenwald, radeln rechts in die Dammkarstraße und überqueren die Bahn. Wir bleiben weiter in der Dammkarstraße und folgen nicht der Vorfahrtstraße. Nach 400 Metern biegen wir rechts ab über eine Brücke, die uns zuerst über einen Bach und dann über die Isar bringt. Unmittelbar nach der Brücke folgen wir links dem Schild »Isarradweg«. Zwischen Militärsperrgebieten geht es weiter unter der Autoschnellstraße B11 hindurch, bevor wir danach links, parallel zur Autostraße, auf den geschotterten Radweg einbiegen. Hier geht es bald einsam und still an der Isar entlang. Nach der Autostraße wählen wir den Teerweg ganz rechts, leicht bergauf, mit dem grünen Wanderschild »Krün«. Kurz darauf ist das einsam gelegene Almhaus unser nächster Wegweiser. Hier fahren wir rechts auf die geschotterte Straße. Bald rollen wir

In Mittenwald, direkt an der Grenze zu Österreich, startet die Fahrradrunde.

Am Walchensee wurde Bully Herbigs Film rund um den kleinen Wikingerjungen Wickie gedreht, die Filmkulisse steht direkt am Ufer.

abwärts, an Almwiesen vorbei, auf den Isarstausee und Krün zu. Nach neun Kilometern erreichen wir die Brücke nach Krün. Wir bleiben jedoch auf der rechten Flussseite und radeln auf dem Hauptweg entlang des grünen Isarwassers bis Wallgau.

## Karibikflair in den bayerischen Bergen

Dort überqueren wir auf einer kleinen Holzbrücke den Fluss und radeln links in den Ort, hinauf zur kleinen Kirche St. Jakob. Rund um die Kirche liegt der sehenswerte historische Dorfkern. Besonders das Gasthaus zur Post mit seinen Lüftlmalereien und dem Zierbundwerk am Gebälk stechen uns ins Auge.
Am Ortsausgang Wallgau überqueren wir dann vorsichtig die Schnellstraße und fahren weiter auf dem Radweg nach Obernach und Einsiedl. In Einsiedl am Walchensee angekommen, radeln wir noch weiter auf dem autofreien Weg bis zur Halbinsel Zwergern und der Kirche St. Margareth. Hier machen wir Pause und suchen uns ein ruhiges Plätzchen, um endlich ins türkisblaue Wasser zu springen. Absolutes Karibikflair – und das in Bayern! Nach einem ausgiebigen Sonnenbad fahren wir dann noch weiter am See bis zum Wikingerdorf Flake. Die Kulisse des Films *Wickie und die starken Männer* steht noch und empfängt neugierige Wikingerfans. Mehrere Holzhütten geben Einblick in das raue Leben der Wikinger, und elf Schautafeln berichten von der Geschichte und Kultur des nordischen Volkes.
Dann machen wir uns langsam auf den Rückweg. Von Einsiedl geht es über die Landstraße auf dem Radweg nach Obernach. Von

Karibik am Walchensee, dafür müssen wir nicht in die Ferne schweifen.

Auf das typische Landschaftsbild der Buckelwiesen treffen wir auf unserer Tour mehrmals.

dort folgen wir wieder dem Verlauf des Radweges bis nach Wallgau und Krün. Von Krün aus führt der Weg über die einzigartigen Buckelwiesen. Durch abertausende Bodenwellen sieht die Landschaft fast schon unwirklich und ein wenig verspielt aus. Diese einzigartige grasbedeckte Hügellandschaft ist ein Relikt der letzten Eiszeit. Um die naturbelassenen Wiesen zu schützen, wird hier noch traditionell zur Sense gegriffen und auf Düngemittel verzichtet. Schaf- und Ziegenherden beweiden die Buckel. Mit den »Karwendelbahn«-Schildern finden wir zurück zum Bahnhof in Mittenwald.

## TIPPS & INFOS

**GEEIGNET** als Tagesausflug oder Wochenendtrip.
**ANREISE** Die Zugverbindung München – Innsbruck ist ein großer Landschaftsgenuss und bringt uns direkt zum Bahnhof Mittenwald oder dem in Klais / Krün. Fahrradmitnahme ist möglich. www.bahn.de
**VERLEIH** In Mittenwald gibt es zahlreiche Verleihstationen, die einen guten Service bieten. www.alpenwelt-karwendel.de
**WALCHENSEE** Im Süden des Landkreises Bad Tölz-Wolfratshausen liegen die beiden Bergseen Kochelsee und Walchensee, verbunden durch den Kesselberg und das Walchenseekraftwerk. Als Bergsee besitzt er ein besonders klares und tiefes Wasser, das auch im Sommer lange erfrischend kühl bleibt. Wer noch Zeit hat, besucht auch das sehr interessante Kraftwerk. www.walchensee-kochelsee.de
**ÜBERNACHTEN** Als »Viabono«-zertifizierter Betrieb steht der Hubertushof für umweltfreundliches Reisen und einen nachhaltigen Urlaub. www.derhubertushof.de

Wollgrasbüschel in der Kendlmühlfilzen

# Register

# Bildnachweis

Alle Fotos stammen von Fotografie -Journalismus Lisa und Dr. Wilfried Bahnmüller, außer:
Schieferbau Nuttlar/Björn Dorstewitz 6 li., 140
Schieferbau Nuttlar/Michael Straßburger 138, 139, 141
Lisa Iwon/Arche Warder 34, 35, 36, 37
Michael Wittke 86
Jagdschloss Kranichstein 164, 165, 166, 167
Wolfcenter Dörverden 50, 52, 53
Shutterstock 4 li., 26, 159 (bluecrayola), 4 re., 56 (suehling), 5 li. (Nicola_K), 6 re., 147 (Jan-Philipp Beuck), 10/11 (Bihlmayer Fotografie), 12, 132 (Fabian Junge), 13 (Henrik Dolle), 16 o. (Dreamlight-Pictures), 16 u. (ThomBal), 18 (Apirak Wongpunsing), 21 (JannikO), 23, 24 (Artush), 27 (Arnold Star), 28 (Danita Delimont), 29 (Olaf Unger), 30, 32, 33 (penofoto), 31 (Wilm Ihlenfeld), 38 (Pixel62), 39, 123 (Bildagentur Zoonar GmbH), 40 (torstengrieger), 41 (A. Emson), 42 (Canetti), 43 (hbpictures), 44 (sweasy), 45 (carol.anne), 46, 48, 49 (geogif), 47, 95 (Pilguj), 51 (AB Photographie), 54 (EMOZION), 55 (honorick), 57 (DARSVETA), 58, 61 (Volleyritt), 59, 60 (Ulrike Adam), 64, 76 u. (DR pics), 65 (1take1shot), 66 (Gunares), 74, 148, 158 (travelpeter), 75 (Pawel Kazmierczak), 76 o. (anyaivanova), 78 (canadastock), 79 (Berlin Photo), 80 (laranik), 81 (ArTono), 82 o. (Bokehboo Studios), 82 u. (Nicola_K), 87 (UbjsP), 88 (Edgar G Biehle), 89 (livethemoment), 90 (Ildiko Laskay), 91, 93 (Andreas Rehkopp), 92 (Mo Where), 100 (taranchic), 101 (Dziegler), 103 (Philipp Schunke), 104 (JohannesS), 105 (Henning Marquardt), 106 (Jochen Netzker), 107 (xantolus), 109, 110 (Oliver Hlavaty), 111 (dugdax), 114 (kamienczanka), 116/117 (Lillusion), 119 (Dan Race), 120 (TheUrbanwinner), 122 (Matthias Blum), 124 (Thorsten Stark), 125 (Riding Hood), 134 (tourpics_net), 135 (yogaguru), 136 (Circumnavigation), 137 (M. Volk), 142 (Norman Krauss), 143, 144 (Trembich Moving Moments), 145 (FotoStuss), 146 (John-Fs-Pic), 149 (Zyankarlo), 153 (muroPhotographer), 156 (Victor Suarez Naranjo), 157 (Rejean Bedard), 160 (Firma V), 161 (Volker Muether), 163 (Borgerding_Peter), 170 (corofisch), 171 (Sanga Park), 173 (Birgitta Kullman), 174 (marako85), 175 (Martin Klank), 176 (Mira Drozdowski), 177 (Simon Dannhauer), 178 (mindscapephotos), 179 (Simon Dux Media), 180 (Markus Semmler), 181 (mindscapephotos), 182 (qoala), 183 (theapflueger), 184 (Leonid Andronov), 185 (Holli), 199 (Sina Ettmer Photography), 215 (I. Rottlaender), 218 (Konstantin Yolshin), 219 (Matyas Rehak), 220 (Dmitry Naumov), 229 (Ellis Berankova)

# Impressum

Verantwortlich: Carola Holzer
Redaktion: Mareike Weber
Layout: BUCHFLINK Rüdiger Wagner
Umschlaggestaltung: Leeloo Molnar
Repro: LUDWIG:media
Kartografie: Heike Block
Herstellung: Bettina Schippel
Printed in Slovenia by Florjancic

★★★★★

Sind Sie mit diesem Titel zufrieden? Dann würden wir uns über ihre Weiterempfehlung freuen.
Erzählen Sie es im Freundeskreis, berichten Sie Ihrem Buchhändler, oder bewerten Sie bei Onlinekauf.
Und wenn Sie Kritik, Korrekturen, Aktualisierungen haben, freuen wir uns über Ihre Nachricht an Bruckmann Verlag, Postfach 40 02 09, D-80702 München oder per E-Mail an lektorat@verlagshaus.de

Unser komplettes Programm finden Sie unter

www.bruckmann.de

Alle Angaben dieses Werkes wurden von der Redaktion sorgfältig recherchiert und auf den neuesten Stand gebracht sowie vom Verlag geprüft. Für die Richtigkeit der Angaben kann jedoch keine Haftung übernommen werden, weshalb die Nutzung auf eigene Gefahr erfolgt. Sollte dieses Werk Links auf Webseiten Dritter enthalten, so machen wir uns die Inhalte nicht zu eigen und übernehmen für die Inhalte keine Haftung.

In diesem Buch wird aus Gründen der besseren Lesbarkeit das generische Maskulinum verwendet. Weibliche und anderweitige Geschlechteridentitäten werden dabei ausdrücklich mitgemeint, soweit es für die Aussage erforderlich ist.

Empfehlung der Redaktion Sie sind auf der Suche nach weiterführender Literatur? Dann empfehlen wir Ihnen den Titel »Auf ins Wochenende«.

Umschlag
Vorderseite oben: Mit dem Kajak nimmt man die Natur nochmal ganz anders wahr(Shutterstock/DZiegler).
Vorderseite unten: Die Wanderung durch den Canyon »Wutachschlucht« ist ein Erlebnis (Shutterstock/marako85).
Rückseite v.o.n.u.: Die leuchtend weiße Kreideküste Stubbenkammer im Nationalpark Jasmund; da vibriert der Boden, wenn die Erde losgaloppiert (Shutterstock/Trembich Moving Moments); die Wanderung vom Großen Arber zum Falkenstein bietet eine spektakuläre Aussicht; in der Gauchachschlucht ist Wasser der Hauptakteur (Shutterstock/Mira Drozdowski).

Die Deutsche Nationalbibliothek verzeichnet diese Publikation in der Deutschen Nationalbibliografie; detaillierte bibliografische Daten sind im Internet über http://dnb.d-nb.de abrufbar.

© 2021 Bruckmann Verlag GmbH,
Infanteriestraße 11a, 80797 München

ISBN 978-3-7343-2163-4